ことばの地理学

方言はなぜそこにあるのか

大西拓一郎

大修館書店

目次

第3章　せめぎ合いで変わった活用――山の攻防

第8章　なぜ方言はあるのか

第9章　ことばの地理学

ことばの地理学

――方言はなぜそこにあるのか――

序　「方言はなぜそこにあるのか」

テレビを見たり、ラジオを聞いたりすると、自分の話すことばと違う日本語が話されていることに気付くことがよくあります。そんなとき、ああ、この人は関西の人だとか、東北の人じゃないかな、などと思ったりするのではないでしょうか。自分のふるさとの言い方に似ているなと思うこともあるでしょう。それが方言です。

方言と地理

方言は、場所によることばの違いです。方言のことを、○○地方のことば、□□県の言い回し、△△村の話し方、などなど…いろいろに表すことができますが、そこにはそれらの使われている「場所」のこと（地名）が付いています。方言を考えるにあたっては、それが使われている場所を切り離して扱うことはできません。

方言を研究する学問分野は、方言学と呼ばれます。方言は、あまりにも身近なものであるためか、それが研究されていること、またそれを研究する方言学という学問の存在することが不思議に思われることもあるようです。しかし、日本でも古くから研究されてきましたし、国際的な学会組織もあり、世界中で研究されています。場所によることばの違いは日本語だけのことではないからです。

方言は場所によることばの違いですから、方言を研究するにあたっては、ことばそのものの異なりだけではなく、場所、つまり地理的なあり方とことばの関係を考えることも必要になってきます。ことばの研究に地理的な考え方を重ねたり、加えたりすることが求められるわけです。

地図を使うことばの研究

方言の存在に気付くと、そうした場所によることばの違いがなぜあるのだろうかという素朴な疑問がわいてきます。それはとりもなおさず、方言はどうしてできたのかという、方言の起源への思いと軌を一にするものです。その場合も、ことばのことだけではなく、場所のことを避けて通ることはできません。場所によって、ことばの違いが生じているからです。

実は、「方言はなぜそこにあるのか」「なぜ方言ということばの違いがあるのか」という疑問は、素朴ではあるのですが、その答えを求めることは方言学の究極の目標でもあります。人類や生物や宇宙を対象とする研究が、それぞれの起源を探求しているのと同じ関係にあると言ってもかまわないでしょう。

方言を研究するにあたっては、場所とことばを結びつけることが必要です。場所を扱うにあたっては、地図を用いて、目に見える形で位置をとらえることにより理解が大きく進みます。見知らぬ土地で道に迷ったとき、どんなにことばを尽くして案内されるより、地図を示してもらうことで、目的地への行き方がすぐ理解できたという経験を持つ人は少なくないでしょう。

日本の方言学は、かなり早い時期から、方言を地図で示すことに世界に先んじて取り組んでおり、この手法による研究はすでに百年以上の蓄積を持っています。ただし、方言学は場所のことも扱うとはいうものの、基本はことばの研究ですから、地図を描くことは、やや特殊かつ面倒な技法として脇に置かれてきたことも事実です。ところが二〇世紀の終わりに近い頃から、情報技術の発展と普及にともない、ことばの研究を中心とする方言学者も研究活動の中で日常的に地図を描き、その結果を積極的に活用することがそれほど難しいことではなくなってきました。

研究の積み重ね

地理的な観点を本格的に導入して研究を進めるにあたって、分布に関する研究蓄積の多い日本の方言学は有利な立場にあります。これまでの蓄積を活かすことで、ことばの外にあるさまざまな情報とことば（方言）の分布情報とを地図上で照合したり、追跡調査をもとに時間を隔てたことばの変動を地図の上で確かめたりすることが可能だからです。

ところで、この追跡調査というのは、過去に実施された分布調査を繰り返す形で実行するものです。分布調査は、基本的に地図上の場所ひとつひとつに実際に行き、そこで暮らす人々から使っていることばを聞き出すことで達成されます。ですから、かなりの手間がかかることは覚悟しなければなりません。

本書では、そのような中で積み重ねてきた以下の資料を利用しています。

国立国語研究所編『日本言語地図』全6巻、大蔵省印刷局
(Linguistic Atlas of Japan　略称：ＬＡＪ)
一九五七年〜一九六五年調査、一九六六年〜一九七四年刊行[1]

国立国語研究所編『方言文法全国地図』全6巻、大蔵省印刷局・財務省印刷局・国立印刷局
(Grammar Atlas of Japanese Dialects　略称：ＧＡＪ)
一九七九年〜一九八二年調査、一九八九年〜二〇〇六年刊行[2]

全国方言分布調査（国立国語研究所の共同研究プロジェクトで実施）
(Field Research Project to Analyze the Formation Process of Japanese Dialects
略称：ＦＰＪＤ)。二〇一〇年〜二〇一五年調査[3]

富山県庄川流域方言分布調査（富山大学人文学部中井精一教授研究室等と共同研究）
二〇〇八年〜二〇一二年調査[4]

長野県伊那諏訪地方方言分布調査（信州大学人文学部澤木幹栄教授研究室と共同研究）
二〇一〇年〜二〇一五年調査[5]

また、信州大学におられた馬瀬良雄先生による『上伊那の方言』（一九六八年～一九七四年に調査）には多くの言語地図が収録されており、信州大学の澤木幹栄先生の研究室で地図をもとにデータ化が進められました。そのデータも利用させていただいています。

このような研究手法の展開とデータの蓄積を活用することで、これまで十分に解明されてこなかったことが、客観的な根拠に根ざしつつ、さまざまな形で明らかになってきました。それは、従来考えられてきたことを裏づける一方で、別の考え方を導入することが求められたり、そもそもの考え方をかなり変えないと説明がつかないものであったりしたのです。

どのようにそれらに向き合っていったのか。新しい考え方をどのように導入したのか。本書を通して、私自身の取り組みを紹介していきます。いずれの場合も、これまでになかった考え方を生み出し、あてはめていくことが求められましたから、頭を抱えることもたびたびありました。でも、それはさまざまな知識や情報を結びつけていくことにほかならず、思いがけないつながりとの出会いは、そこに至るまでの苦しさを忘れさせる楽しさにあふれています。研究が持つそのような面白さが皆さんに伝わればさいわいです。

【注】

（1）国立国語研究所共同研究プロジェクト「大規模方言データの多角的分析」（二〇一〇～二〇一二年度：研究代表者：熊谷康雄）により、『日本言語地図』の元カードからLAJDBとして作成されたデータも利用します。

（2）『日本言語地図』と『方言文法全国地図』は、国立国語研究所のウェブサイトで閲覧できます。また、『方言文法全国地図』のデータは、国立国語研究所のウェブサイトで公開しています。

（3）調査結果は、大西拓一郎編著『新日本言語地図』（朝倉書店）で公表するとともに、国立国語研究所のウェブサイトでデータを公開しています。

（4）中井精一編（二〇一四）『庄川流域言語地図』（富山大学人文学部日本語学研究室）により、調査結果を公表しています。

（5）大西拓一郎（二〇一六）『長野県伊那諏訪地方言語地図』により、調査結果を公表しています。

第1章　川をのぼった「言わん」の「ん」

―方言と塩を運んだ川の道―

1　東西対立

ナイとン

言ワン（言ワヘン）、書カン（書カヘン）、見ン（見ーヘン）といったことばを耳にすると、この人は西日本の出身だなと気付くだろう。反対に西日本の人は言ワナイ（言ワネー）、書カナイ（書カネー）、見ナイ（見ネー）のような言い方に対して、敏感に反応するのではないだろうか。

筆者の出身は関西である。小学生の頃、クラスに東京から転校生がやってきた。彼が口にする「そんなことは言ワナイよ」といった話し方は、きわめて新鮮であるとともに、驚きであった。そのような話し方は、テレビやラジオに出てくる人のものであって、お芝居のような架空の世界のことば、いわば台詞のようなものだと思っていたのだ。それを目の前にいる生身の人間が、普通に生活の中で使っている！

まわりの人々は誰もが、言ワヘン、書カヘンのように話している。だから、「言ワナイ」のようなことばを普通にしゃべる人間などいないものだという思いが心の底にあった。今にして思えばあまりに幼く失礼なことではあるが、当時はつい、ロボットを見るような目で彼を見てしまっていた。

ことばの東西

「言う」に対する「言わない」、「見る」に対する「見ない」のような動詞の否定形をどのように表すかは、ことばの基礎である。外国語を学ぶ場合もいちばん初歩の段階で肯定と否定をどのように表現するか教わる。日本語ではこのようなことばの根幹にあたる動詞の否定形に方言の違いがある。標準語の「書かない・言わない」のようにナイ（またその音変化形のネーなど）を用いるところもあれば、書カン・言ワン、書カヘン・言ワヘンのようにンやヘンという形を用いるところもある。その様子を地図に表したのが図1-1（p.20）である。この地図には東のナイと西のンとして、日本語方言の東西差が明瞭に現れている。この地図が対象とする動詞の否定形を作るためのナイやン、ヘンは、「動詞の否定辞」と呼ばれる。

東西に分布が分かれる例はほかにもある。例えば、図1-2（p.21）のように、「高くない」を東日本ではタカクナイと言うのに対し、西日本ではタコーナイと言う。東日本の買《カ》ッタと西日本のコータもそれにあたる。これらは、いずれも文法的な性質を帯びている。「高くない」の「高く」は形容詞の連用形で、西日本のタコーはそのウ音便形と呼ばれる。「買った」の「買う」はワ行五段動詞で西日本のコータはやはりウ音便形である。

文法的性質を帯びているという点は重要である。なぜなら、「書かない・言わない」や「高くない」「買った」は、それぞれの代表を挙げたまでのことで、同様の事実が、そのうしろにたくさん控えているからだ。図1-1の「書かない」は、たまたま「書く」という動詞を例にしたのであって、動詞が「言う」でも「見る」でも、否定辞は基本的に同じ分布を描く。同様に、形容詞ウ音便形は

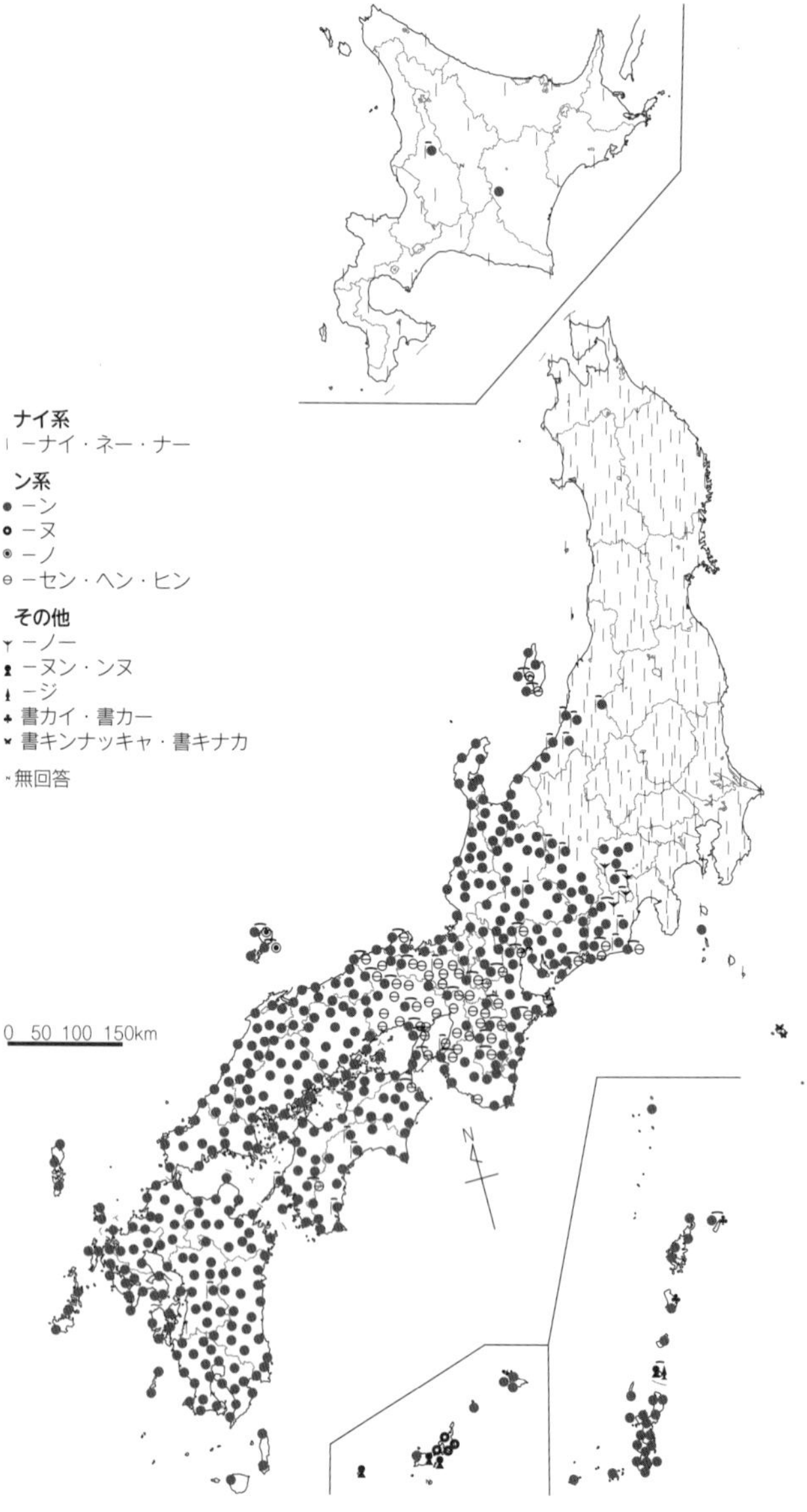

図 1-1　動詞の否定辞の全国分布

『方言文法全国地図』2 集 80 図に基づく。

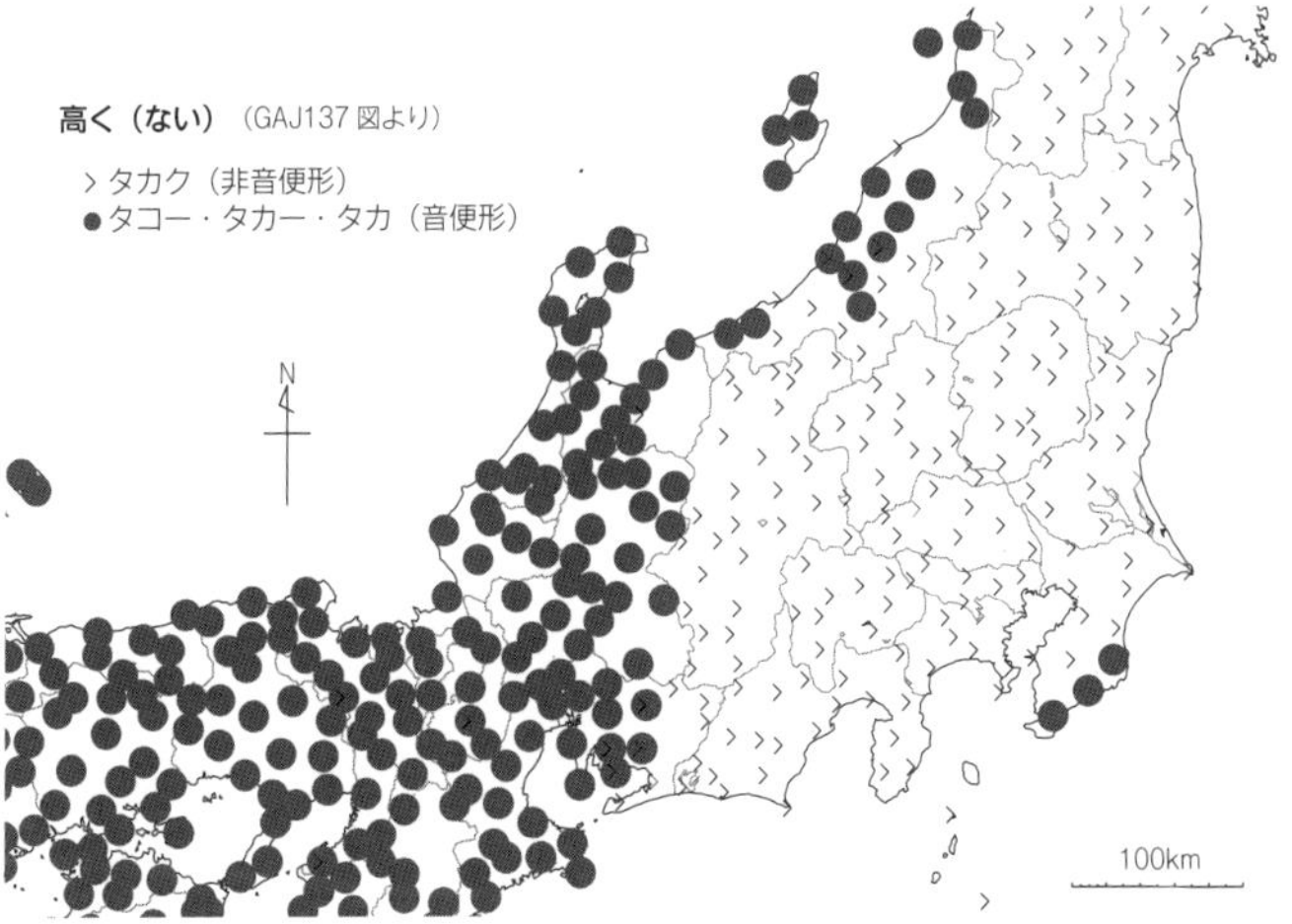

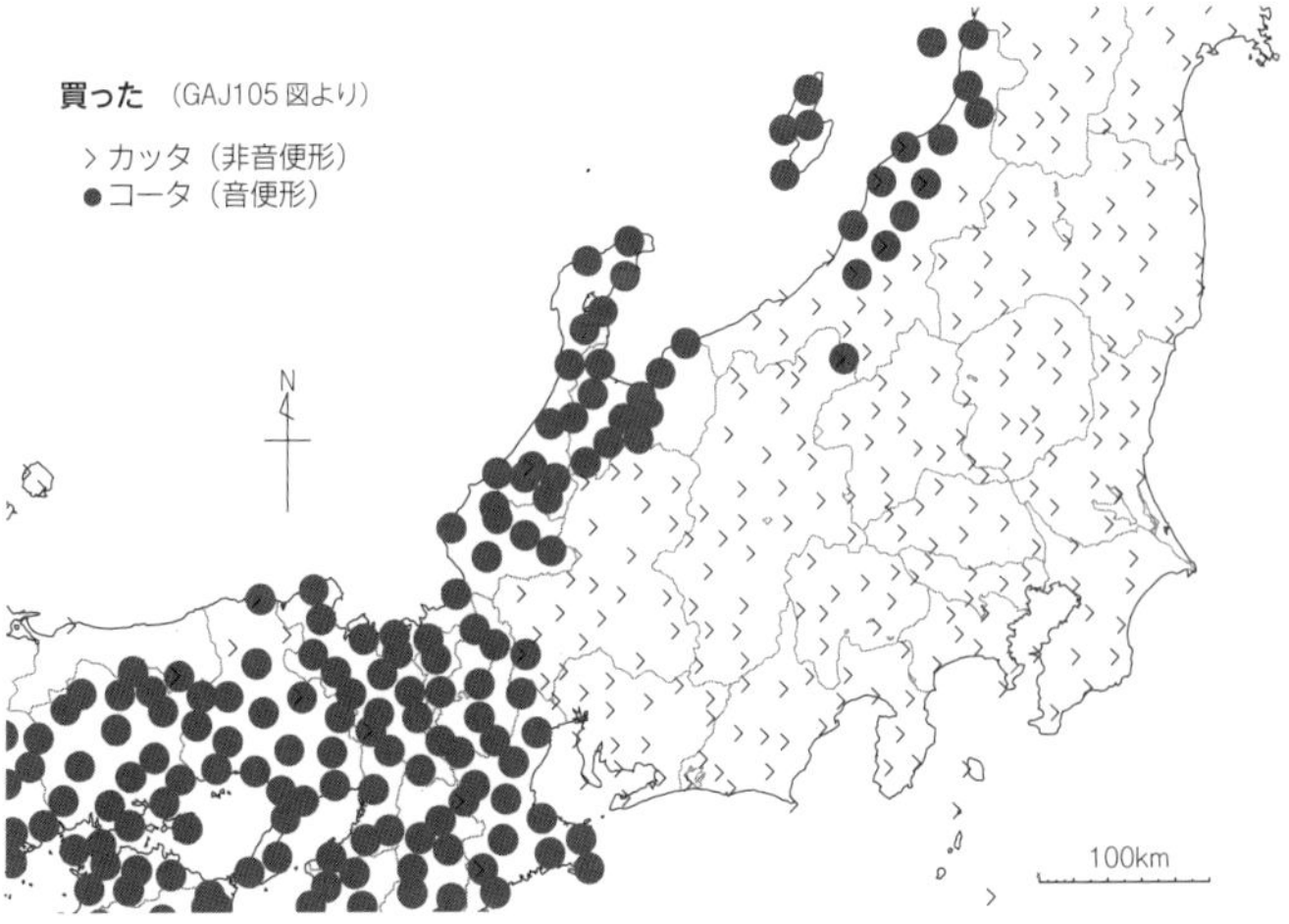

図 1-2　東西対立の事例 (1)「高く（ない)」（上)、「買った」（下）
『方言文法全国地図』3 集 137 図、2 集 105 図に基づく。

「高い」だけではなく「赤い」でも「甘い」でも同じように現れる。ワ行五段動詞であれば「買う」に限らず、「会う」も「笑う」も現れ方は同様である。[1] つまり、同じような分布が該当する動詞や形容詞の数だけ存在するということだ。動詞と形容詞の数は三千から四千程度あり、無限ではないが、相当数にのぼるのは確かである。

東と西に分かれる方言分布の型は、「東西対立」と呼ばれる。東西対立の具体的境界線は明治時代に文部省の国語調査委員会により地図とともに明らかにされた。[2] そして、その約五十年後、長野県の牛山初男氏が境界地域を追跡調査したが、半世紀を経ても変動は認められなかった。[3] 市井の研究者であった牛山氏の業績はその後も高く評価されている。[4]

東西に分布が分かれるのは、文法的なことがらばかりではない。語彙、つまり単語の違いでも見られる（図1-3）。典型的なのは、東日本のイル（居る）に対する西日本のオルである。「明後日」を表す東日本のヤノアサッテと西日本のシアサッテや、以下、地図は省略するが、「煙」を表す東日本のケムと西日本のケムリ、「塩辛い」を表す東日本のショッパイと西日本のカライなども東西対立を示す。[5]

東西対立の成立要因

東西対立がなぜあるのか。その成立要因は解明されていない。方言分布の成立を説明する際にしばしば用いられるのは、柳田国男が『蝸牛考』で提唱した「方言周圏論」という考え方である。[6] 方言周圏論では、中央（通常、全国を対象とする場合は、永らく政治文化を担ってきたと見なされる歴史的中央としての畿内を想定する）で発生したことばの変

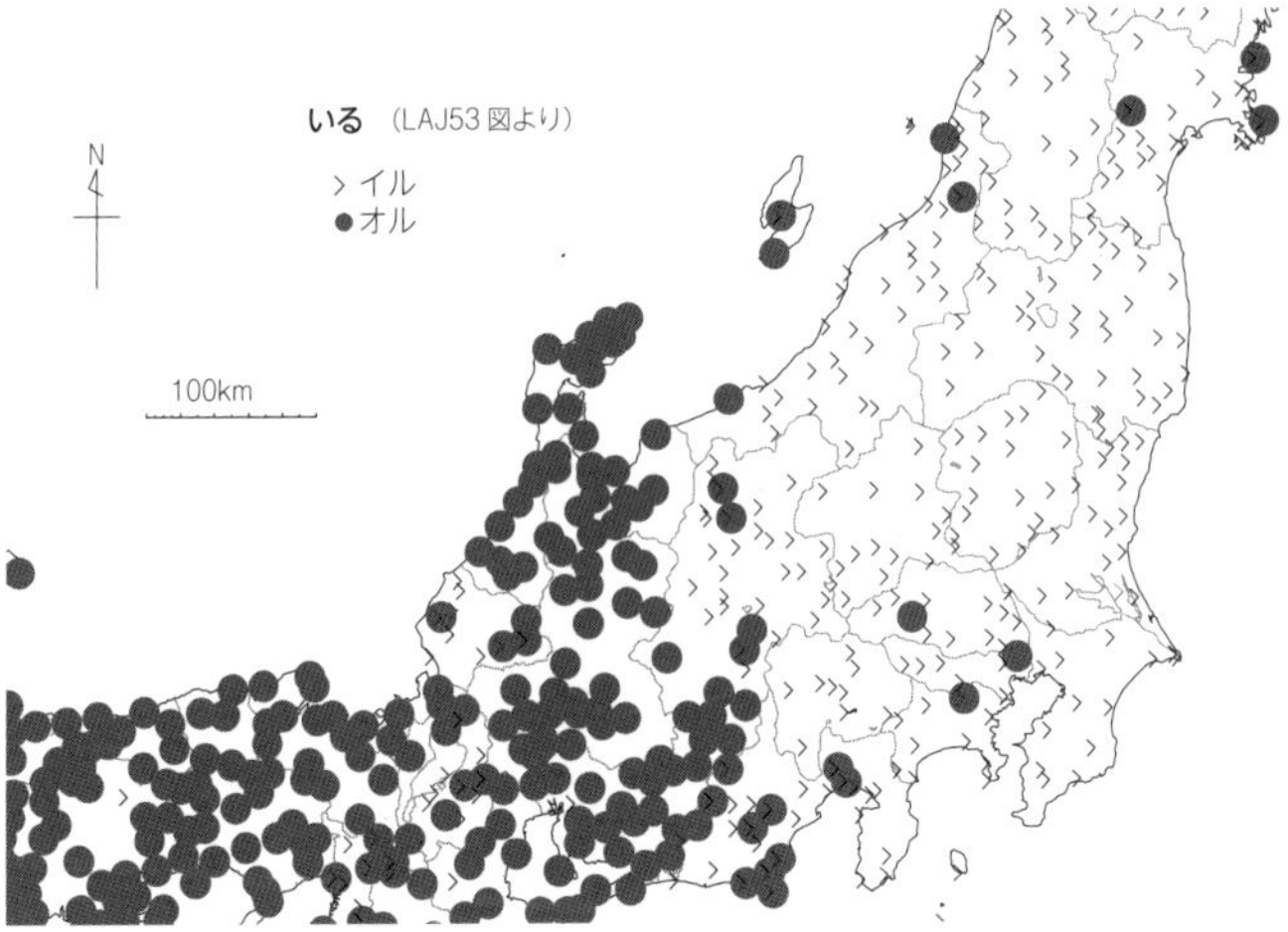

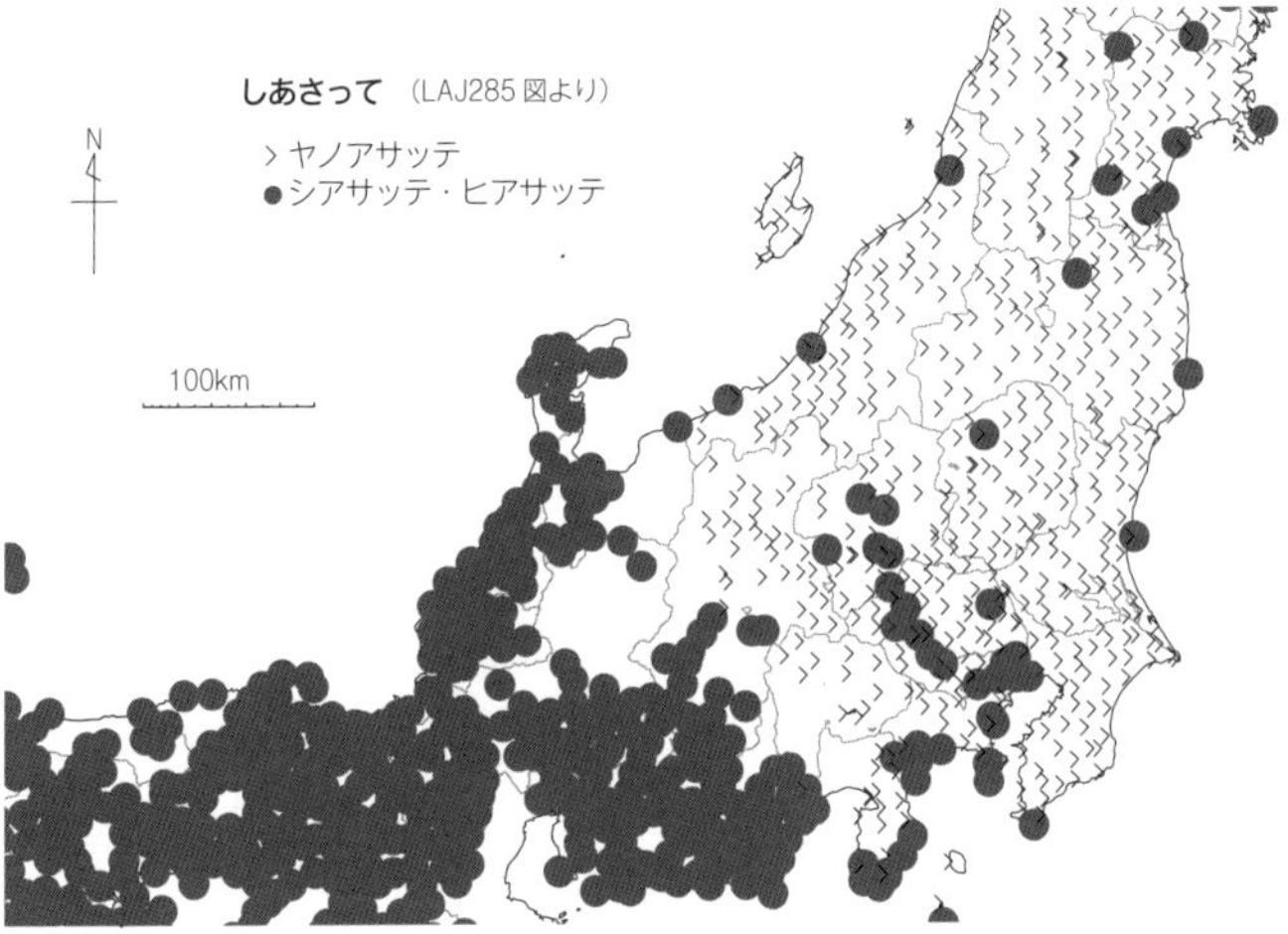

図1-3　東西対立の事例(2)「いる」(上)、「しあさって」(下)
『日本言語地図』2集53図、6集285図に基づく。

図1-4　方言周圏論における「蝸牛」のイメージ
※この図はイメージであって現実の方言分布とは適合しません。

化が順次に放射され、周辺に向けて拡散した結果、そこを中心とした同心円的分布が形成されたと考える。

『蝸牛考』の「蝸牛」とはかたつむりのことである。それを表す方言形の分布を見ると、歴史的中央の畿内を挟んで、一番外側にナメクジ、その内側にツブリ、さらに内側にカタツムリ、さらに内側にマイマイ、最も中央にはデデムシが分布し、あたかも細長い日本列島で同心円を切り取ったかのように、ナメクジ－ツブリ－カタツムリ－マイマイ－デデムシ－マイマイ－カタツムリ－ツブリ－ナメクジという分布があるとされる。そのイメージを図1‐4に示した。ただし、これはあくまでもイメージである。「かたつむり」の分布については第9章で扱うので、そちらを参照してもらいたい。

このことをもとにして方言の分布を論じたのが『蝸牛考』の骨子であり、方言周圏論はそれを支える考え方である。

ところが、東西対立はそのような同心円的分布を示さない。そのため、ストレートに方言周圏論をそこに適用することはむずかしい。方言というより、サブストレイタム（基層言語）と呼ばれる有史以前に存在した民族言語にさかのぼるような相当に古い異なりの反映が想定される[7]一方で、畿内と江戸という二つの中央からの拡散を考慮した説明も試みられている[8]。いずれにせよ、現時点ではまだ東西対立の成因についての定説的な考え方はない。

境界の線と帯

先にも記したとおり、東西対立を示す項目は、少なからず見いだされる。それでは、それぞれの示す境界の位置関係はどうであろうか。それらが一致するなら、古い層（基層）の言語的対立の痕跡という説が説得力を増す。

日本の方言学の歴史をひも解くと、かつてなされた「方言周圏論」対「方言区画論」という熱い議論にたどりつく。方言区画論は、同一系統の言語の中がどれだけの方言に分かれていて、それぞれの方言がどのような言語構造を持つのかを記述し、その上で、それらがどのようにして分岐・形成されたのかを明らかにすることこそが方言学であるという考え方に立つ。そして、中央からの放射拡散を重視する方言周圏論を方言学の中心に据える立場と対立した[9]。その中で方言区画論側の論陣をはったのが東條操である。東條にとって、東西対立は方言区画の典型にほかならなかった。その東條にしても、方言間の境界は、境界線（つまり一筋の線）ではなく、（幅を有する）境界地帯として現れることを述べている。[10] つまり、方言区画論者であっても、具体的に複数の地図の境界を比べるとそれらは一線上で合致するものではなく、個々の地図でずれがあることを認識していた。実際のところ、東西対立と言われる分布の境界は、対象ごとに異なっている。このことは図1-1～1-3を較べてみてもわかる。

この境界認識の視点は方言の分布をどのように考えるか、さらには方言学の目指す方向をどこに設定するかという根本的な問題に結びつく。方言がどのようにしてできたのか、同時に方言の分布がどのように形成されたのかという方言研究の究極の課題におのずと及ぶからである。このことについては、本書末尾の第8章と第9章で考えることにして、ここでは図1-1に挙げた動詞の否定辞の分布について考えよう。

動詞否定辞の境界

動詞否定辞が、ナイ（東日本）とン（西日本）で東西対立を示すことに関しては、各研究者とも見解が一致している。それでは境界はどこにあるだろうか。

興味深いのは、研究者により認定する境界にずれがあることだ。ずれは、太平洋側に著しく、長野県の西側すなわち長野県・岐阜県境と見なす場合もあれば、山梨県の中央部に入り込む形で引かれることもある。[11] つまり、問題は長野県南部から山梨県にかけてで、とりわけ甲府盆地をどのように扱うかである。ここを東のナイの領域とするか、西のンの領域とするか、境界の認識が異なっている。

対象が具体的であるにもかかわらず、このように見解が異なるというのは奇妙な話だ。そこで図

1-1に立ち戻って確認してみよう。ンの領域は確かに山梨県の西半分から中央か、やや東寄りまでを占めている。右に述べたように東西対立といっても、対象により境界は一致しない。東西対立とされるものの中では太平洋側においては境界線のずれ幅が大きく、[12]その様子は扇になぞらえられることもあるが、[13]ここまで東に境界が片寄ることはほとんどない。しかもその「ずれ」は異なる対象どうしの間に見られるものであって、動詞否定辞に限ればそのようなずれはほとんどない。[14]

東西対立と呼ぶからには、いかにも東西らしく列島を両断したいというのが人情である。動詞否定辞はそのような東西対立の典型と見られながら、それらしく切り分けるには甲府盆地のンの分布が言わば「邪魔」なのである。「邪魔」なので無視したくなるが、当然のことながら、言語地図が示す分布を消し去ることはできない。

2　孤立する甲府盆地のン

西日本と連続しているのか

なぜ、甲府盆地のンは不思議な扱いをされてしまうのか。それは単に東西境界の位置認定の指向や判断者の主観にのみよるものではない。実際に分布が特異なのである。

図1-1が示すようにンやそれを基盤に派生したヘン[15]で西日本は埋め尽くされている。甲府盆地のンは、一見したところ、そこから突き出しているように見える。しかし、よく見ると、間にノーが挟まっている。このことが、西日本に広がるンの分布連続の上に甲府盆地のンを位置づけることをためらわせる。

長野県は四番目に広い都道府県であり、東西対立の境界に近いところに位置する。そのため、いくつもの境界線が県内を縦断する。動詞否定辞はその典型で、南西部はンであるが、その他（長野県で中信・北信・東信と呼ばれる地域）はナイである。

長野県と連続しているのか

それでは長野県のンは隣県の甲府盆地のンと連続しているだろうか。

図1-1を子細に見ると、長野県のンと甲府盆地のンの間には空白地帯があることがわかる。この地図だけだと分かりづらいが、実はこの空白地帯は、南アルプスである。言語地図は、それぞれの場所で使われていることばを示す。ことばは人が使う。ことばを使う人間が住まないところには分布を示すことはない。

南アルプスは赤石山脈と呼ばれる急峻な山の連続体である。富士山に次ぐ国内で二番目に高い北岳はそっけない名前なので忘れられがちであるが、ここに位置する。中央本線の車窓では小淵沢近辺でその頂上のみをのぞかせる。初冬など、周りの山に先駆けて白く染まる様子はことに美しい。同じ車窓には、甲斐駒ヶ岳や鳳凰三山とも呼ばれる地蔵、観音、薬師を正面に据える。中でも地蔵岳の頂上のオベリスク（尖塔）は、麓からも明瞭で、何度見ても自然造形の妙に心打たれる。

そのような所であるから、美しいが、同時に厳しすぎる自然環境ゆえ、人は住まない。図1-1として掲げた言語地図の空白地帯は、そもそも住む人がいないこと、つまりことばを使う人間の暮らしがないことを示している。このように長野県のンと甲府盆地のンは一見連続しているように見えながら、深い山で分断されている。

静岡県と連続しているのか

静岡県と山梨県のンの間にはノー（「言わない」を言ワノーのように表す）が挟まる。このノーは万葉集の東歌に現れる古代東国方言の名残と考えられている。[16] ノーが間にある以上、静岡県と山梨県のンは連続しない。加えて、長野県との間と同様に空白が見られ、これも南アルプスの一部である。ここから流れ出た水はやがて大井川となり、太平洋にそそぐ。人の生活を拒む山と古代東国方言を間に置いた両側のンは、やはりつながらない。

以上のように、甲府盆地のンは広大な分布領域を持つ西日本のンとは連続性を持たない。一見するとつながるように見える長野県や静岡県のンとも分断されている。東日本のナイの領域の中に孤立して分布するのが、甲府盆地のンなのである。東日本のナイの起源は必ずしも明確ではないが、仮に古代東国語のナフ（山梨県と静岡県のノーはここにさかのぼるとされる）がそれに該当するならば（これには異論もある）、周りを古い東国的要素に囲まれた甲府盆地のンはいっそう孤独感をただよわせる。

3　なぜ、甲府盆地に西日本のンがあるのか

もたらされたン

甲府盆地ならびにその近隣では動詞の否定辞のノーや「本だ」「春だ」などの「だ」にあたる断定辞のドーなど古い東国方言の要素を垣間見ることができる。そのような東日本的色彩が濃厚なところに西日本のンがなぜあるのだろうか。

ひとつの考え方として、もともとここにンがあり、東日本のナイや古代東国方言のノーが取り囲むように広がったためにンが取り残されたということがありえよう。しかし、全体に東日本的特徴を強く有するこの地域の方言[17]にあって、動詞否定辞のような言語の根幹に当たるところに西日本の要素が古くから存在したということは考えにくい。また、古代東国方言直系と見られる古態のノーが後世になって、領域を拡大するというのも不自然である。

そこで考えられるのは、まったく正反対のことである。すなわち、甲府盆地にはもともとは古代東国方言の直系と考えられるノーや、現在東日本で主流となっているナイが分布していた。そこに後から西日本のンがもたらされたということである。この場合に問題なのは、なぜ甲府盆地に西日本のことばが入ったのかということである。西日本のンの分布と連続していれば、このことはあま

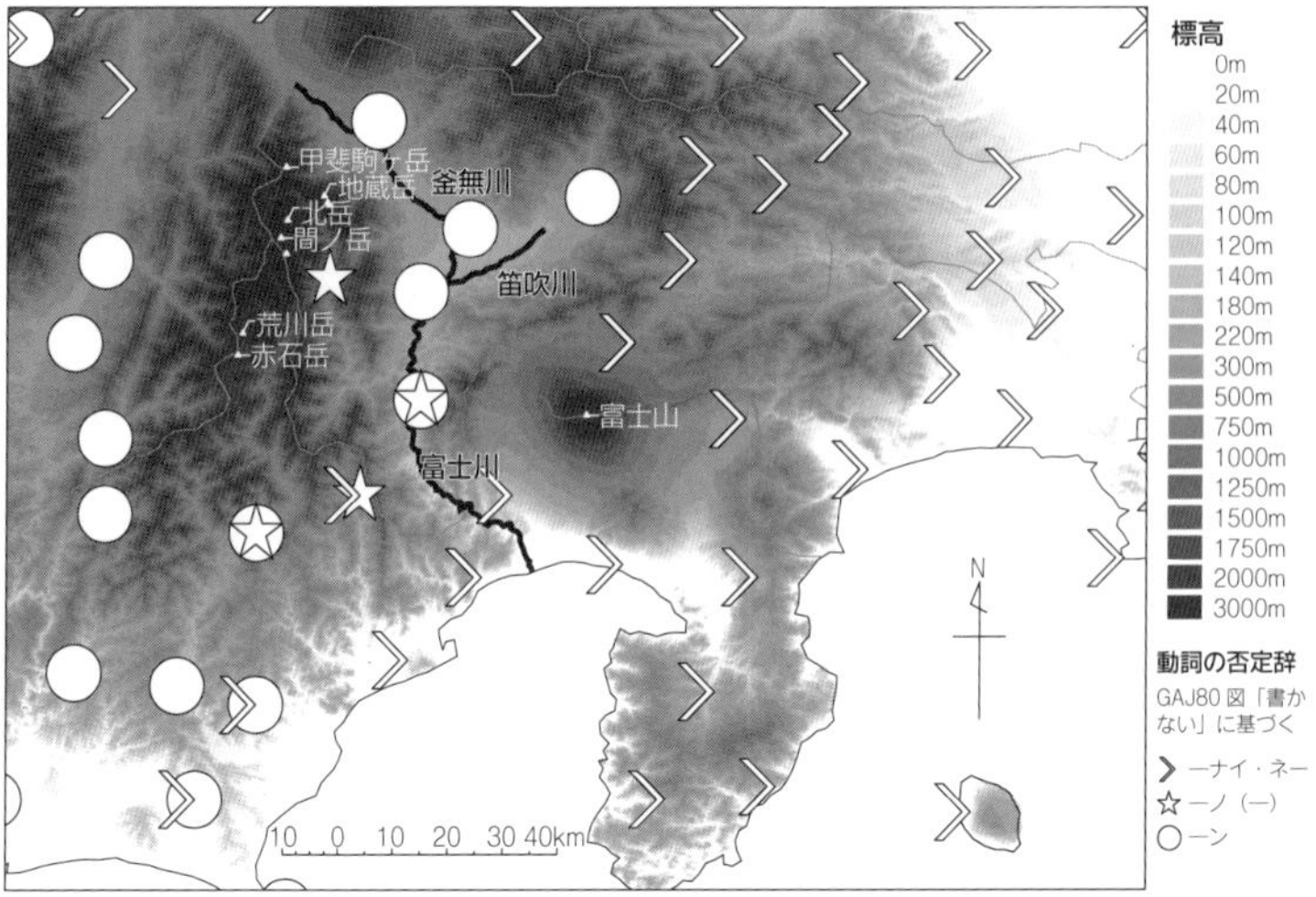

図1-5　動詞否定辞と富士川と山

り問題にならない。方言周圏論に従って、徐々に西日本からンの勢力が拡大し、分布が広がったと考えればすむからだ。ところが、くり返し述べたように甲府盆地のンは西方のエリアと分布の連続性を持たず、孤立している。ンが西日本からもたらされたとするなら、なぜ、またどのようにして、ここに西日本の形が持ち込まれたのか、つまり西日本と何らの交流があったことを明らかにする必要がある。

塩の道としての富士川

図1‐5には甲府盆地を中心とした動詞否定辞の分布を標高と合わせて表示した。主要な山も記載したので、南アルプス（赤石山脈）の位置もわかるだろう。ンの領域は、この南アルプスにより西の長野県（伊那谷）と分断され、連続性を持たないことがいっそう明瞭である。拡大したことでノーの分布域もとらえやすく、いずれも静

岡県から山梨県にかけて、南アルプスの麓である。

また、この地図には甲府盆地から太平洋に流れ込む富士川と支流としてそこに合流する笛吹川ならびに釜無川も示した。富士川は古来、暴れ川として知られていた。しかし、江戸時代初期（慶長一二年、一六〇七年）に角倉了以《すみのくらりょうい》の指導の下、改修され、甲府盆地と太平洋をつなぐ水路として重要な役割を担うようになった。その水運の主要な船荷は、下りは米と薪炭、上りは塩と魚だったとされる(18)。

これらは生活必需品であり、とりわけ塩は人が生物として生きるために欠かせない。ところが、岩塩に乏しい日本の内陸では、身近な自然から塩を得ることはほとんどできない。沿岸地域で行われる海水からの製塩が頼りである。そのため海岸部から内陸に塩を運ぶ水路の充実は、内陸の人々の生命線を太くすることになる。

製塩は沿岸であればどこでも行われたわけではない。全国的にも製塩が盛んに行われたのは瀬戸内であった。富士川をさかのぼった塩も主に瀬戸内産であった。富士川の河口は港に適しておらず、河口に近い岩淵というところに川の港があった。海の港は清水が大きく、瀬戸内から運ばれてくる塩もいったん清水まで運ばれ、その後、短い陸路で岩淵まで移され、そこから富士川の水運で最終目的地の甲府盆地に運び込まれた(19)。沿岸から内陸に塩を運ぶルートは、「塩の道」と呼ばれるが、富士川もそのひとつである。

富士川水運の重要な運搬品である塩は西日本から来る。甲府盆地からの船は沿岸に下りてきては塩を積む。その際に頻繁に人どうしの接触がなされたはずだ[20]。西日本は全域ンであるから塩を運んできた西の人間は総じてンを使っていたと考えてよい。甲州側では頻繁に出会う交易先の西日本の人々のことばをまねてみる人が現れたのであろう。動詞否定辞は本章の冒頭に述べたような基本的な表現形式であるから、高い頻度で用いられる。さらにナイもンも「言ワン」「言ワナイ」のようにともに未然形接続であることは共通しているから、ナイ（ノーを使っていた人もいたかもしれない）をンに置き換えるだけで西日本の形を導入できる。また、文法要素ではあるものの、動作や存在など動詞の表す意味を否定するだけで、それほど複雑な用法は持たない。このようにしてまずは甲州の水運関係者が西日本の動詞否定辞を習得し、それが甲府盆地にもたらされたと考えられる。

ンは川を一気にさかのぼり、そして広まった

水運の特徴は出発点と目的地を直接つなぐ点にある。ここが陸上交通と大きく異なるところである。間を飛ばして一気に行き来する。荷揚げ場所と荷降ろし地の中間地帯、つまり通過地点は双方の接触と無関係である。そのため、上流域に沿岸部の影響で変化が起きていてもそれに左右されることはなく、中間地は現状を維持する。

これを富士川流域に当てはめるなら次のようになる。水運による塩など生活必需品の運搬を通して、甲府盆地側は西日本の人々との接触により動詞否定辞のンを導入した（導入以前の動詞否定辞は主にナイだったと推定されるが、ノーが用いられる場所もあっただろう）。その時期は記録がな

いため明確に指定できないが、富士川水運開設の最初期であれば約四百年前にさかのぼる。一方、水運の中間に当たる中流域は富士川水運関係者との接点がなく、またそのために西日本からの影響とは無関係で、もともとのナイ（またはノー）が用いられ続けるだけであった。

さかのぼったンは甲府盆地一帯にこれもまた一気に広まった。動詞表現そして文法の基本要素であるだけに、人どうしのつながりを基盤とするコミュニティの中ではそれを共有し、文法を同じくすることが望まれるからである。このようにして、甲府盆地に西日本の形（ン）のまとまった分布が形成されたと考えられる。

動詞否定辞のような基本的な要素は、いったん普及するとなかなか簡単には変化しない。基本要素であるだけに、あまり頻繁に変化するとコミュニケーションを阻害するからだ。[21] 近代以降も富士川水運は活用され、明治末期に最盛期を迎えるが、ちょうどこの時期に東京と甲府をつなぐ中央線が開通し、内陸への物流の中心は水路から鉄路に移行する。また、昭和に入ると富士川沿いに身延線が敷かれた。これらの鉄道開設に伴い、富士川水運は衰退した。[22] 高度成長期には中央高速道路も開設され、現在の甲府盆地と外のつながりはこれらの鉄路や道路にゆだねられている。

このように東京方面との接触の頻度が高くなっても甲府盆地のンは現在も保持されている。次章でも触れるが、接触のことばへの影響は、単に頻度に左右されるわけではない。ンがもたらされた背景には生活必需品としての塩があった。東京方面からの強力な影響力を後ろ盾にする標準語ナイにさらされながらも生き抜いてきたンは、今も東西対立の中で特異な位置を占め続けている。

【注】

（1）ただし、形容詞の場合は、「高」のカなど語幹末の母音（この場合はア）により音便の具体的な形が異なる。例えば、語幹末の母音がアの「高い」やオの「黒い」場合は、タコーナイ・クローナイのように音便の形はオーであるが、「大きい」「楽しい」のようにイの場合はオーキューナイ・タノシューナイのように音便形はユーであり、ウの「古い」ではフルーナイのようにウーで現れる。動詞の場合も似ていて、語末のウの前が母音ア（買う）やオ（追う）の場合の音便はオー（コータ、オータ）、イ（言う）の場合はユー（ユータ）、ウ（縫う）の場合はウー（ヌータ）で現れる。なお、ここに挙げたウ音便形は、近畿地方のやや古い形で、西日本の中でも現れ方に異なりがある。以上の詳細は『方言文法全国地図』で確認できる。

（2）国語調査委員会『口語法調査報告書』「口語法分布図概観」の第二項（四頁）に次のように記載されている（カタカナをひらがなに変更し、句点を追加）。

「標準語法の取捨とは関係稍々薄けれども前項に挙げたるものと同じく東西相異なる云ひ方あり。例へば未来の云ひ方に於て「べい」の類を云ふ地方と云はざる地方と（第一図より第四図に至る）、活用に於て「出した」「指した」など云ふ地方と「出いた」、「指いた」など云ふ地方と（第二十一図）の如きは略々東西に相分るゝものと云ふべし。されば今前項に云へる対峙と本項に云ふ対峙とに基きて仮に全国の言語区域を東西に分たんとする時は大略越中飛騨美濃三河の東境に沿ひて其境界線を引き此線以東を東部方言とし、以西を西部方言とすることを得るが如し。但し此線は実際に於ては斯く単純なるものにあらず。又斯く判然たるべきものにあらず。此線に沿へる左右の地方は東西の方言の交錯する処にして甚だ複雑なる状態に在ること勿論なれば其境界を比較的正確に劃定することも猶ほ今日に於ては期すること能はざる所なり。而して今仮定したる境界線を標準として各分布図の上に於ける東西の境界を見るに多少或は東に偏し或は西に傾きて東西の方言の領域互に相伸縮するを免れず。」

（3）当初、牛山（一九五三）として論文発表され、その後、牛山（一九六九）にまとめられた。

（4）牛山氏の出身地である長野県諏訪地方は他にも土川正男が方言分布の研究で知られる（土川一九八八）。二人が卒業した諏訪中学校（現、諏訪清陵高校）で教鞭を執った三澤勝衛は地理学を核とした教育で知られる（三澤二〇〇八・二〇〇九）。その精神は、考古学の藤森栄一、気象学の藤原寛人（のちの新田次郎）、天文学の古畑正秋、五味一明などに広く受け継がれ（三沢先生記念文庫発起人会一九六五）、現在も諏訪市の藤森賢一氏は、六〇年以上にわたる太陽黒点の継続観測の記録を更新中である。諏訪地方は精密機械工業で知られるが、産業とは別に科学文化の近現代地域史があるわけで、興味深い。

（5）文法項目の境界の扱いは徳川（一九八一、三四七頁）、語彙項目の境界の扱いは徳川（一九八一、三五〇頁）、徳川（一九九三、五三一頁）を参照。

（6）柳田（一九三〇）参照。

（7）馬瀬（一九七七）、馬瀬（一九九二、三五一〜三七八頁）参照。

（8）小林（一九九二）、小林（二〇〇四、六二一〜六四七頁）参照。

（9）その後、方言周圏論は言語地理学として一九七〇年代から一九八〇年代の日本の方言学のメインストリームとなったのに対し、東條が主張した方言区画論の思考と方法をそのまま引き継ぐ研究は現在の方言学の中にはない。ただし、大西（二〇一四）や本書第9章で述べるように、このような対立と研究動向を図式的にあてはめて方言分布をとらえると、その本質を見誤ることになる。

（10）東條（一九五四、九頁）参照。

（11）これは元資料を何に依拠するかにもよると思われる。西寄りに引く徳川（一九八一、三四七頁）は『口語法分布図』第7図に依るもので、原図は描き方にとらえにくいところはあるものの、このような境界線が得られるのは確かである。同様に引く新村出（一九一三）における「ない」と「ぬ」の境界線も国語調査委員会の調査結果に基づくが、どの項目に依るものかは不明である（動詞否定辞は複数の項目で扱われている）。一方、山梨県を縦断させる牛山（一九五三、一三頁）は、自身の調査結果をもとにするが、『口語法分布図』によっても山梨県内に境界をとらえることはできる。なお、牛山氏の境界線のとらえ方については馬瀬（一九七〇）による批判もある。

（12）ただし、徳川（一九八一）や小林（一九九二）のようにさまざまな語彙を広く対象にとり、本州上で列島を二分する分布を東西対立と認定する場合には、境界の位置は大幅に東に入り込むことがある。

（13）ずれが太平洋側で扇状に現れる様子を石川（一九八〇、一八四頁）は「尾張ファン」と呼んでいる。このような形状でのずれの現れ方はドイツ語においてライン川沿いで「ラインの扇」（ブルームフィールド一九六二、四四九頁）や「ライン扇形」（河崎二〇〇八、六五頁）として知られるものに共通する。

（14）近畿を中心に用いられるヘンとヒンは一致しないことがあるが、日高（一九九四）が述べるように動詞の形式に応じた変種として説明ができる。

（15）ここではセン、ヘン、シン、ヒンを合わせてヘンとしている。この形はサ変動詞「する」の否定形「せン」を基にし、「書きはせン」「読みはせン」など「はせン」による取り立ての否定形から一般の否定形に変化したものである。ンが取り入れられている点で単独のンと系統が同じである。

（16）金田一（一九六七）は動詞否定辞のノーのほか、やはり山梨県や長野県秋山郷で用いられる「だ」にあたる断定辞のドーも古代東国方言を引き継ぐ言語形式であるとする。なお、図1-1では類似形のノが山陰の隠岐にも存在するが、隠岐のこの形式を記述する島根県女子師範学校（一九三六、一七頁）や廣戸（一九四九、二二頁）も古代東国方言との関係は指摘しない。神部（一九七八、一四頁）ならびに神部（一九八二、二三頁）は、隠岐には別にンの元であるヌが存在し、同時にこの地方では母音ウがオに変化する傾向（例えば、「歌」がオタ、「麻布」がノノ、「犬」がエノなど）があるため、他の西日本のンと同様にヌから発生したものとする。図1-1ではその考えに従いノをン系の中に含めて扱った。

（17）伝統的な方言の分類では日本全体を本土と琉球に分け、本土の中を東部、西部、九州に分ける。そして甲府盆地を含む地域は東海東山方言として東部方言の中に下位分類される。

（18）富士川の改修と水運の歴史については、遠藤（一九八一、二一〜五三頁）参照。

（19）富士川ほか内陸への塩の運搬については、宮本（一九八五、五二〜五六頁）参照。

（20）遠藤（一九八一、二六〜二七頁、三五頁）によれば、船の数も甲州側のほうが多く、荷量も上り荷のほうが圧倒的に多かった。

（21）反対に言うと、変化するときは、コミュニケーションを阻害しないために一気に広がることが求められることになる。

（22）富士川水運の衰退については遠藤（一九八一、四九～五三頁）参照。

【参考文献】

石川純一郎（一九八〇）『天竜川―その風土と文化―』（静岡新聞社）
牛山初男（一九五三）「語法上より見たる東西方言の境界線について」『国語学』一一、五九～六三頁
牛山初男（一九六九）『東西方言の境界』（信教印刷）
遠藤秀男（一九八一）『富士川―その歴史と文化―』（静岡新聞社）
大西拓一郎（二〇一四）「言語地理学と方言周圏論、方言区画論」小林隆編『柳田方言学の現代的意義―あいさつ表現と方言形成論―』（ひつじ書房）一四五～一六二頁
河崎靖（二〇〇八）『ドイツ方言学―ことばの日常に迫る―』（現代書館）
神部宏泰（一九七八）『隠岐方言の研究』（風間書房）
神部宏泰（一九八二）「島根県の方言」飯豊毅一・日野資純・佐藤亮一編『講座方言学　八　中国・四国地方の方言』（国書刊行会）二二一～二三八頁
金田一春彦（一九六七）「東国方言の歴史を考える」『国語学』六九、四〇～五〇頁
国語調査委員会（一九〇六）『口語法分布図』『口語法調査報告書』（国定教科書共同販売所）
小林隆（一九九二）「方言東西対立分布成立パタンについての覚え書き」『研究報告集』（国立国語研究所）一二、一六五～一八九頁
小林隆（二〇〇四）『方言学的日本語史の方法』（ひつじ書房）
島根県女子師範学校編（一九三六）『隠岐島方言の研究』（石見印刷）
新村出（一九九三）『新村出自筆「東西語法境界線概略」』（新村出記念財団）
土川正男（一九四八）『言語地理学―日本方言の歴史地理学的研究―』（あしかび書房）

東條操（一九五四）「序説」東條操編『日本方言学』（吉川弘文館）一〜八六頁
徳川宗賢（一九八一）『日本語の世界　四　言葉・西と東』（中央公論社）
日高水穂（一九九四）「近畿地方の動詞の否定形」『方言文法』（GAJ研究会）一、五五〜七七頁
廣戸惇（一九四八）『山陰方言の語法』（島根新聞社）
ブルームフィールド、L（一九六二）『言語』（三宅鴻・日野資純訳、大修館書店）
馬瀬良雄（一九七〇）「書評　牛山初男著『東西方言の境界』」『国語学』八〇、六六〜七七頁
馬瀬良雄（一九七七）「東西両方言の対立」大野晋・柴田武編『岩波講座日本語　一一　方言』（岩波書店）二三五〜二八九頁
馬瀬良雄（一九九二）『言語地理学研究』（桜楓社）
三澤勝衛（二〇〇八・二〇〇九）『三澤勝衛著作集』（全四巻、農山漁村文化協会）
三沢先生記念文庫発起人会（一九六五）『三澤勝衛先生』（三沢先生記念文庫発起人会）
宮本常一（一九八五）『塩の道』（講談社学術文庫）
柳田国男（一九三〇）『蝸牛考』（刀江書院）

第2章　もうけ話はことばを伝えない

――サカイと海の道――

1　東北に分布する畿内の方言

「から」の方言分布

人はことばを使って意思疎通をおこなう。ことばで思いを表す際に基本となるのは文である。文は「雨が降っている。」のように状況を描写したり、「行くのはやめろ。」のように聞き手の行動をうながしたりする。ひとまとまりの発話において発せられる複数の文は、それぞれの間に何らかの論理的関係を持つのが一般的である。本棚に漢和辞典がある。明日は体育館で卓球をする。コーヒーを買うのを忘れた。川向こうに行くのはやめろ。」のように、それらがばらばらだと脈絡がない発言となり、聞き手は不安感を覚える。

「雨が降っている。」という文と「行くのはやめろ。」という文は、相互の文どうしに関係性が認められる。「雨が降っている。」ということは、何らかの不便な状態を想起させ、雨の激しさや周囲の自然条件によっては、そこでとる行動にともなう危険性も連想させる。その状況描写に基づいた判断が「行くのはやめろ。」という行動の制止の指示伝達（すなわち禁止）につながるのは自然な論理だからである。このような文どうしの論理関係を明示するのが、接続詞や接続助詞である。複数の文で論理的に発話を形成することは、思考を具体化して伝達するということばの基本機能である。したがって、接続詞や接続助詞はことばの運用上欠かせない要素である。

「雨が降っているから、行くのはやめろ」と言うときの「から」は接続助詞である。[1] その意味用法から「原因理由の接続助詞」とも呼ばれる。図2-1（p.44～45）が示すように原因理由の接続助詞には方言形が多い。「〇〇であるから、●●」のような原因理由は、もっとも基本的な論理の展開である。ゆえにしばしば発せられるとともに、耳にすることも多いはずだ。それだけに方言形式としても目立ち、耳立つ表現として受け止められやすい。実際、この図に現れたケン、キー、サカイ、ハンデなどから、ああ、あれのことかと、なじみの土地に思いを至らせることもあるだろう。

サカイの仲間の分布

「雨が降るサカイ、行くのはやめろ」のサカイは、関西（近畿地方）のことばをイメージさせる。実はこのサカイの仲間は、図2-1からもわかるように使用地域が広い。

サカイ類の分布でとりわけ興味深いのは、近畿地方だけではなく、北陸にも分布し、さらにはこの日本海側の分布が東北地方にも延びていることである。北陸や東北地方の日本海側にわたる分布のつながりは、北前船の交易を連想させる。実際、サカイの分布について、北前船との関係が指摘されている。[2] 前章で扱った川の船と違って、海を行く船というのはロマンを感じさせるようだ。一筋を行き来する川船と、港々に寄りながら荒波をかきわけて進む船の違いによるものだろうか。そのようなロマンに満ちた北前船に関係するといわれるサカイの方言分布について考えてみよう。

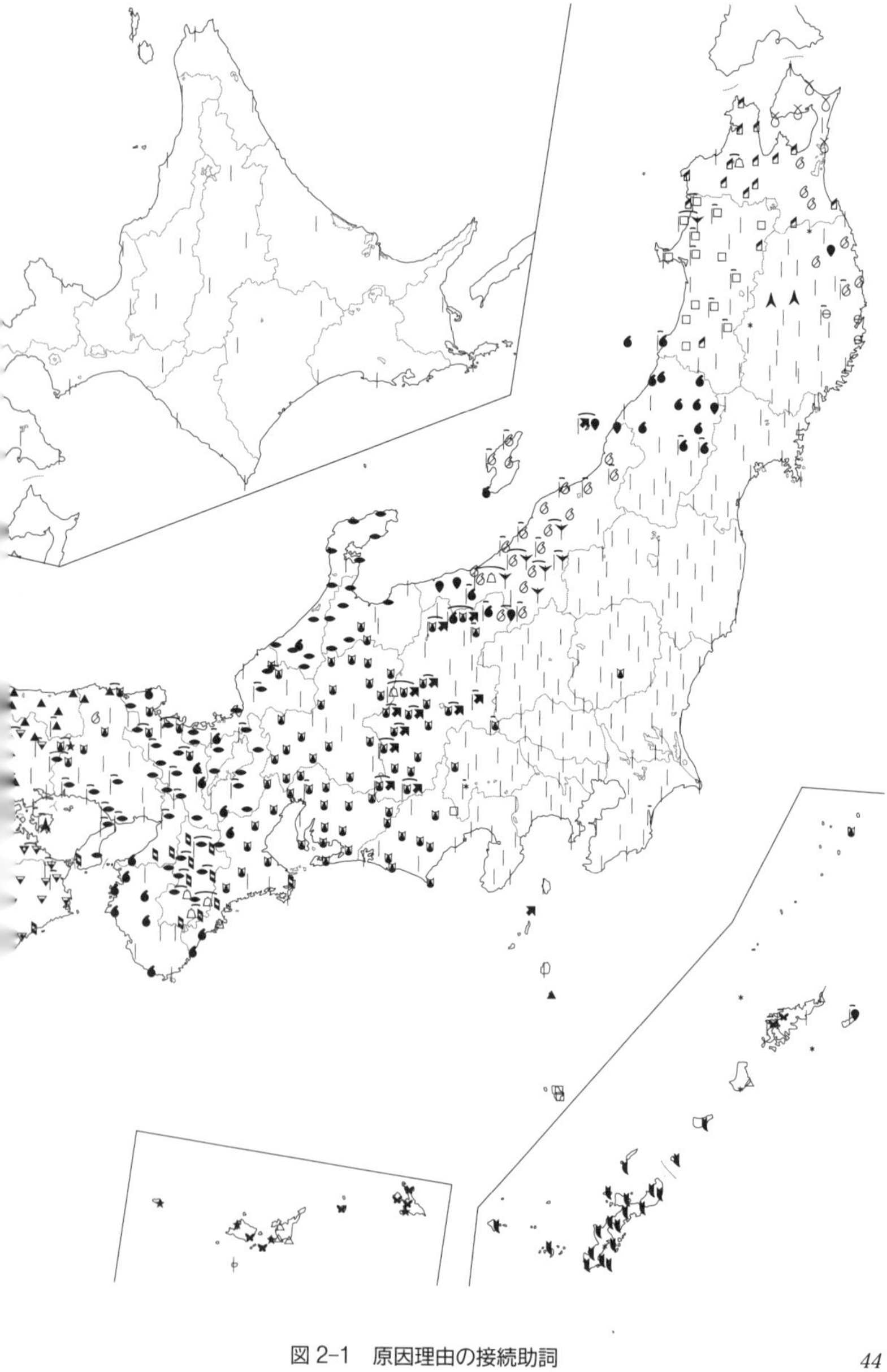

図 2-1　原因理由の接続助詞
『方言文法全国地図』1 集 33 図に基づく。

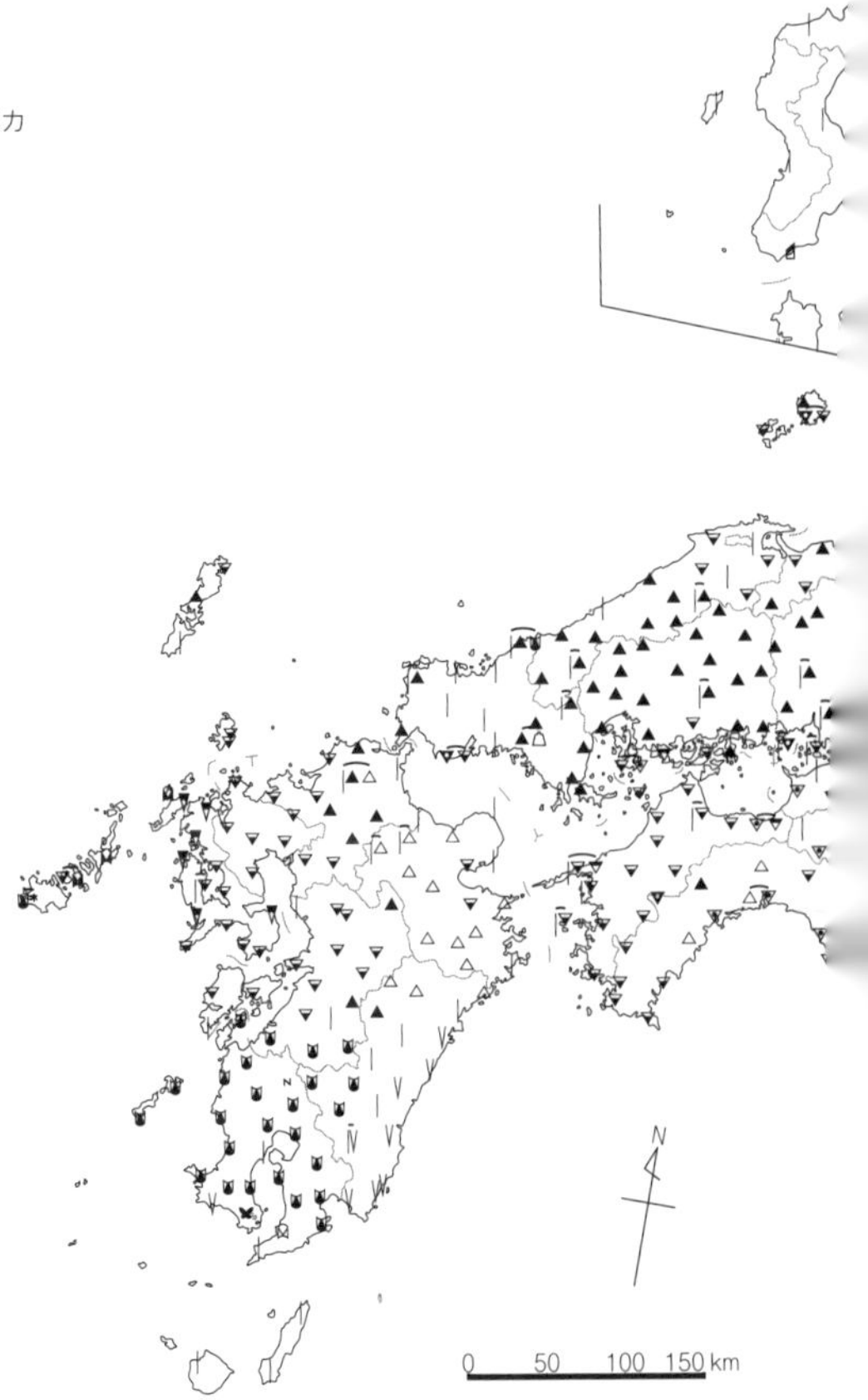

カラ
カリ・カイ
カナ

ケー・ケ
ケニ
ケン
キー・キ
キニ
キン
セン

サカイ・サカイニ
サケ・ハゲ・サケァ・サカ
スケ・スケー・スケァ・スケーニ・スカ
ケァー・ケァーニ・キャーニ

ハンデ・ヘンデ・ハデ・ハンテ

ノデ・ンデ
アンテ・エンテ・ンテ
デ
ジ
テン・デン
シテ
ニ

ヨッテ・ヨッテニ
サエ・ソイ・セーデ
ス・シニ
ンカ・ンガ
クトゥ・トゥ・ク
バ
降リヨリャー・降イリャーなど

その他

無回答

2　北前船とサカイ

北前船がもたらしたもの

北前船としてよく知られているのは、西廻航路であり、東北地方北部から日本海を南下し、下関から瀬戸内海を経て大阪に入る。江戸時代前期の寛文一二年（一六七二年）に幕府の命で河村瑞賢《かわむらずいけん》により完成された。[3] 北国から大量の産物を大阪に運ぶとともに日本海沿岸の経済活動を活発化させ、[4] 上方と北陸・東北方面の交易が展開した。[5] 北前船による水運は明治時代の末期には衰退するが、それまで長期にわたり続いた。[6]

北前船は単なる運送業ではなかった。物流を通して物品を売る、現在で言えば商社のような役割を果たしていた。[7] この点が前章で扱った富士川の水運——こちらは生活必需品を運んだ——と大きく異なる。北前船を担った船主や商家は金融業や保険業など、近代以降の企業の基盤となった。[8] 北前船が衰退した後もこれらの企業は、各地の経済を支えることになる。

このような北前船により、上方と地方の交易が進むと、上方の文化が地方に導入されることが期待される。ところが、そのことを積極的に示すような事例があまり見当たらない。確かに交易をもとにした豪商が現れ、それが右にもふれたように近代の諸産業を支えることになるが、そのことと

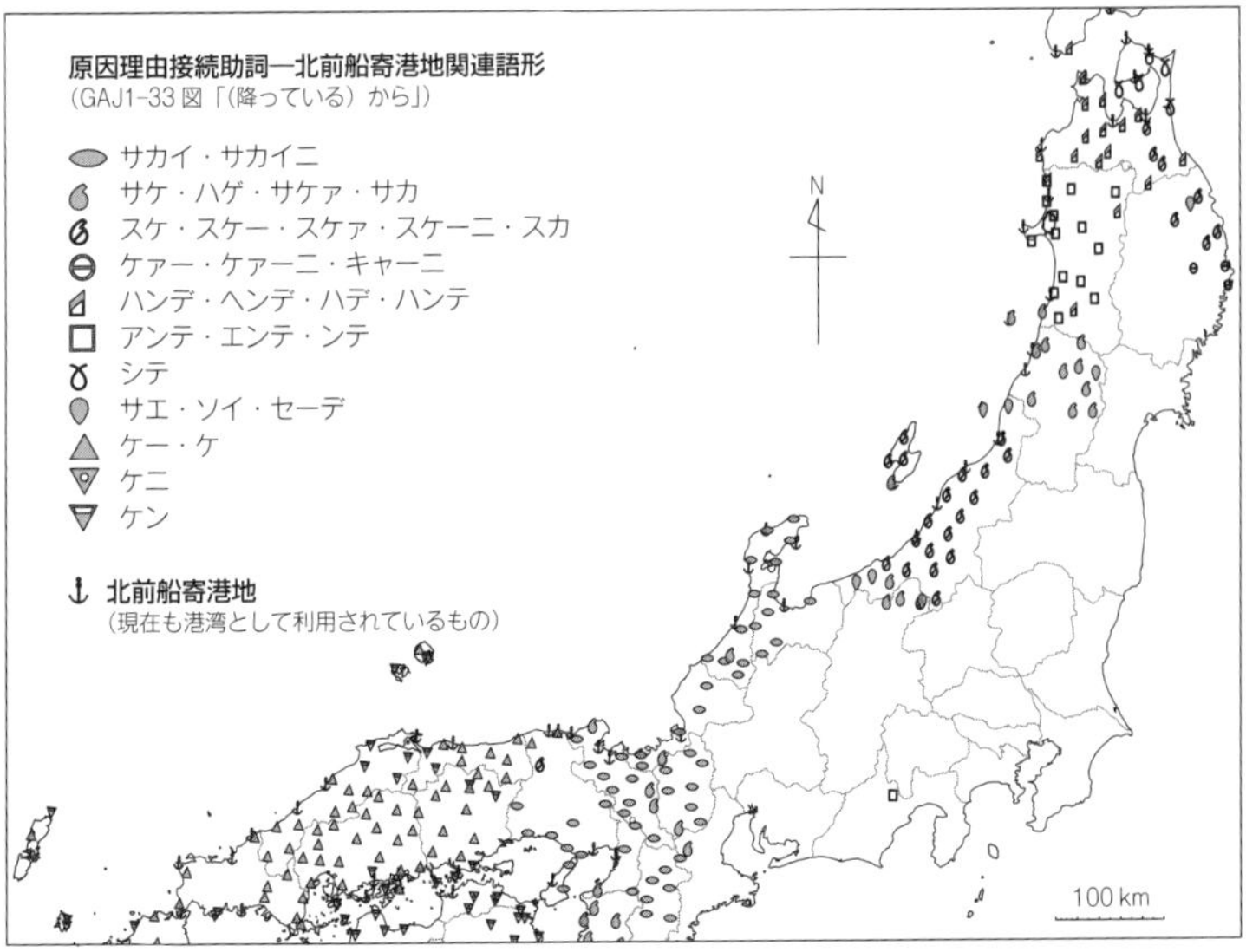

図2-2　原因理由の接続助詞と北前船の寄港地

上方文化の移入は話が別であって、相互は直接には結びつかない。

北前船の寄港地とサカイ

それでは原因理由の接続助詞のサカイ類と北前船の関係はどうであろうか。このことを検討するために、北前船の寄港地と原因理由の接続助詞の分布を図2-2に示した。[9] この図が示すように、北前船は日本海側を北から北海道、東北、北陸、山陰と航行し、その後瀬戸内に進み、やがて兵庫、大阪へと入る。サカイ類の分布と寄港地とを照合すると、北陸・東北はおおむね一致するが、山陰と瀬戸内にはサカイ類が分布しておらず相互がかみ合わない。この点で、サカイ類と北前船の相関は必ずしも明確ではない。

3　サカイは地味に広がった

北前船以前の古い道

畿内と北陸ならびに東北地方日本海側とは、北前船の開設で急に、あるいは新たにつながり、関係を深めた、というわけではない。畿内の中心部である京（都）や大阪と北陸をつなぐ道は古くから存在していた。都から琵琶湖を経て敦賀（福井県）に抜け、敦賀から佐渡（新潟県）や松前（北海道）に至る、陸路と水路を併用するルートである。[10] 古くからあるこの道は、北前船が運用されるようになったからといって、途絶えてしまったわけではない。[11]

サカイは近世初期に畿内で発生したことが文献で確認される。[12] そのサカイが日本海側各地に広がる過程はどのようなものだったのか。第一に考慮すべきは、中国・四国以西にサカイがほとんど分布していないことである。このことからすると、サカイを広げたのは北前船ではなく、古くから存在し、北前船以降も利用され続けた畿内から北陸、東北にいたる交流の道によるものと考えたほうが現実の方言分布に適合する。

サカイの分断

サカイは、北前船ではなく、古くからある道を経た交流により畿内から北陸へ、さらには東北の日本海側に広まった。ただし、分布が示す広がりは単純ではない。そこには二つの問題が存在する。

問題のひとつは、北陸から東北にかけて使われるスケのように、類似はしているもののサカイという語形がそのままもたらされたとは考えづらい形の分布が見られることである。もう一点は、全く別系統の語形がサカイ類の分布を分断していることである。このような分布の途切れに対しては、次のようにその発生を考える。

ひとつは、これまでの研究の中でも一般的で、かつ古くからある考え方である。それは、すでにある分布の中に新しい語の分布域が発生することで、もとの分布が分断されるというものである[13]。模式的に言えば、ＡＡＡのように連続した分布の中にＢという新語の分布ができると、ＡＢＡのような分布模様ができ、Ａの連続が切り離されるということである。

もうひとつは、広がろうとしたけれどもある特定の場所では受け入れられることがなく、そこを飛ばして、広がったということである[14]。ＡＡの分布がさらに広がってＡＡＡとなろうとするが、ＡＡの先にあるＣがＡの広がりを阻む。その結果、Ｃを飛ばして広がることでＡＡＣＡのような分布模様ができることを想定する。

カラの導入による分断

富山県を見ると西側はサカイが用いられるが、東側はカラである。このカラは近隣では長野県北部にも分布する。ただし、富山県と長野県は接しているものの、県境には映画にもなった新田次郎の小説『剣岳――点の記』で知られる剣岳を含む立山連峰や白馬岳を最高峰とする後立山連峰からなる急峻な北アルプスが屹立し、行き来は困難であった[15]。この点を考慮すると、このカラは長野県から新潟県を経て入ったものと考えられる。

このカラが富山県東部に新たな分布領域を持つことによって、新潟県南部から長野県北部に分布するサカイの仲間であるサケーと富山県西部のサカイが分断された。このような外部との接触により新たな語形を導入することは言語外的要因による変化（略して「外的変化」）と呼ばれる。

サカイの変化による分断

母音の連続であるアイがエーに変化することは、音声変化の中でもっともありふれたものである。したがって、サケーとサカイは仲間と見てよい。富山県東部のカラで分断された新潟県南部・長野県北部のサケーと北陸西部のサカイは、連続していたと推定されるが、さらにこのサカイ・サケーは山形県のサケーとも連続して分布していたと考えられる。ところが現在のサケーは新潟県中部と北部（いわゆる中越、下越）のスケーにより、こちらも分断されている。

このスケーは、サカイと無関係ではないと考えられるが、直接サカイから変化したという説明はできない。発音上、カイがケーに変化することは一般的であるが、サがスには通常は変化しないからである。ここでは別の変化のメカニズムを想定することが求められる。(16)

文法的な要素の変化においてしばしば働くのは、類推の一種に位置づけられる関連事項を統合させる力である。例えば用言（動詞や形容詞）に不規則な活用が存在する場合、規則的な活用に飲み込まれるような変化はその一例である。具体的な事例は、形容詞の活用をもとに第6章で扱う。

接続助詞と密接な関係を持つ接続詞には「しかし」「そして」のように「し」という形が含まれる。

下北半島を含む青森県の南部地方（旧南部藩域）には原因理由とともに「高くて」のような形容詞の中止形を作るステやシテという接続助詞がある（それにより、「高くて」がタゲステのようになる）が、このスやシもこれに関係するものだろう。文を接続させるという点で共通性を有する要素が持つこれらのスやシ（ほとんどの東北方言においてはスとシは区別されない）への類推が働くことでサをスに変化させ、形式上の統一がはかられた可能性がある。

スケの発生に関しては別の道も考えられる。接続助詞の前に現れる動詞の末尾の音は「降る」「見る」「する」など終止形なのですべてウ段である。前に付く動詞の末尾の母音に引きつけられてア段のサがウ段のスに変化した可能性である。言語形式において、前方からの影響が後方に及ぶ変化は順行同化と呼ばれ、言語変化の中では一般的である[17]。過去形（降った）や否定形（降らない）、形容詞（高い）などのようなウ段以外の形も接続助詞の前に現れる点には注意が必要であるが、動詞終止形の基本性や頻度の高さなどもそこには働いていると見ることになる。

どちらの道から発生したにしても、サカイが有する言語的性質を基に発生してきたものであり、変化の要因は言語そのものの中に求められる。このような変化は言語内的要因による変化（略して「内的変化」）と呼ばれる。

なお、地図では山形県北部にはサケの類が見られるが、実際の形はハゲが多い。ゲのように濁音が現れるのは、東北方言全般の特徴に従う。ただし、サがハに変化するのは一般的ではない。北に隣接する秋田県はアンテなどであるが、時代をさかのぼると現在は青森県津軽地方に分布するハデの領域がもっと広かったのかもしれない。ハデは「ほどにて」から変化したとされ、サカイとは別系統である。このハデとの接触がサゲをハゲに変化させた可能性がある。このように語が混ざり合う変化（「サゲ＋ハデ→ハゲ」のように表される）は、混交（「混淆」と表記されることもある）と呼ばれる。(18) 混交は外部の言語との接触によりもたらされる。したがって、混交は外的変化である。

拒否による分断

サカイが伝播しようとしたものの、その地では受け入れられることがなかったということもあっただろう。このように拒否された場合、そこで伝播の動きは止まるとは限らない。受容されなかった地域を飛ばしてその先に伝播することがある。秋田県や青森県の津軽地方・下北半島にはサカイ類がなく、その先の青森と岩手の県境域まで分布が飛んでいる。

原因理由は、文どうしの関係を分析的にとらえる場合には、「順接確定条件」として扱われる。サカイ類がない地域におけるサカイのような原因理由に該当する順接確定条件と、「〜けれども」にあたる逆接確定条件の接続助詞を照合すると次のようである。

	順接確定	逆接確定(19)
秋田	アンテ・ンテ	ドモ
津軽	ハンデ	バッテ
下北	ステ	タッテ

このようにこれらの地域では、音節数や形式の対応などの面で順接と逆接の間に一定の関係が認められ、体系的な構成を有していることがわかる。このような固い構造があると、サカイのような異種はなかなか入り込めない。このためにサカイの導入は拒否された。そして、そこを飛ばしてサカイ類の分布は広がった。

ここで伝播とは何なのかということにふれておくことが必要だろう。伝播は人と人の交流を通して、新しいことばが広がることである。その伝わる地域間に地理空間上の連続性があるに越したことはないが、なければならないというものでもない。これまでも飛び火的伝播[20]として都市間での広がりが指摘されたことがあるが、人どうしのつながりは都市に限ったものではない。さらに言えば、都市と言っても（例外的に大きい東京を除くと）その規模が全体に小さい東日本においては都市性の基準が不明瞭である。このような伝播においては、途中に拒否地域があれば、連続することなくそこを飛ばす形で、隔たった地域に伝播することがある。[21]北東北のサカイ類はそのような事例である。

西日本の体系性

東北地方北部に見られるような順接確定と逆説確定の体系性による拒否を考慮すると、近畿より西側にサカイ類が存在しないのは、同じように伝播しようとしたけれどもことばの上で何らかの構造が障害して、拒否されたのではないかという疑問が生じる。

そのような一面があるのは確かである。西日本には、ケン・ケー・キーといった原因理由（順接確定）の形が広く分布している。このうちのケン・ケーに注目すると、逆接確定との間に次のような対応があることがわかる。

順接確定	逆接確定	
ケン	ケンド(モ)	徳島県中東部・愛媛県・高知県西部
ケー	ケード(モ)	鳥取県・岡山県・広島県東部

ただし、このような対応は一部の地域に止まり、一方で次のように対応が見られない地域も広い。

順接確定	逆接確定	
ケン	ドモ・ドン	島根県東部・佐賀県
ケ(ー)・ケン	バッテ(ン)	福岡県・長崎県・熊本県
ケ(ー)	ガ	広島県・島根県西部
キ(ー)	ケンド(モ)	高知県・大分県

非対応の地域の広さを見る限り、サカイの伝播が拒否された原因をここに求め、サカイは西日本に来たが受け入れられなかったとして説明を押し通すのは無理がある。そもそもサカイが中国・四国以西の西日本において片鱗も見えないというのは、まったく伝わることがなかったと考えるほうが妥当である。むしろ一部の地域に見られる対応は、語源が定かではないケンやケーなどの（類推的発生も含めた）起源を考える糸口になるのではないかと思われる。[22]

4　つながっていても伝わるわけではない

北前船とことばの伝播

サカイ類に話を戻そう。

サカイ類の分布状況を中心に据えながら、原因理由の接続助詞についてやや詳しく見てきた。ここで肝心なのは、サカイは北前船により運ばれたのではないということである。

実はこれはサカイに限ったことではない。北前船の航路に沿った方言分布というものが見当たらないのである。すなわち、瀬戸内海から山陰を経由して北陸や東北日本海側に連続するような分布はほとんど見られない。[23]つまり、北前船はことばの伝播にはほとんど寄与しなかったらしいのだ。

前章で扱った富士川を利用した交易はことばの伝播を推進した。それでは、富士川の交易と北前船は何が異なるのだろうか。

航路が川だとか海だとかということは関係ないだろう。サカイ類の日本海側の広がりは、北前船以前から存在した交流に支えられたものと考えられ、そこでも海路は使われていた[24]。一方で、サカイは山形県の内陸部に広がるが、ここには最上川の交易が関与したと見られる[25]。

経済活動と人の交流

交易があり、経済活動が行われたという点では、富士川と北前船は共通している。ところが前者はことばを伝播したのに、後者はそれがなかった。ここで考えられるのは、交易の質に違いがあるのではないかということである。

富士川を利用して運ばれたもので、もっとも重要な品は塩であった。内陸の人々にとって、塩の入手は生きる上で切実なことであった。実は、北前船も塩を運んでいた。しかしそれは人の生命を支えるものとしてではなく、蝦夷地から上方に移送する漁獲物の保存処理のためであった[26]。つまり、塩の運搬が目的（富士川）なのか、手段（北前船）なのかという点で違いがある。

塩が象徴するように、富士川の交易は生活に不可欠なものを運搬した。それに対し、北前船は付加価値をもとにした経済活動が中心であった。生活必需品の運搬はことばも運んだが、利潤を追求する交易はことばの伝播に寄与しなかった。このような交流の質の違いがその差を生み出したのだろう。

このことは、現代にもあてはまる。東京と大阪の間の人の動きは相当な量にのぼるはずだ。東海道新幹線は一〇分に一本程度の頻度で運行され、両都市間を結んでいる。飛行機も三〇分に一本くらい飛んでいる。これだけの交流があるにもかかわらず、現在においても方言の東西対立は消失しておらず、西日本では言ワン・言ワヘンを使い、東日本では言ワナイと言う。[27]両都市間の往来の多くは経済活動を目的とするものであることは想像に難くない。どうやらこのような交流はことばを運ばないらしいのである。

【注】

（1）接続助詞は複数の文をつないで一つの文にする。それに対し接続詞は、「雨が降っている。だから、行くのはやめろ。」の「だから」のように文どうしの論理関係を表す。
（2）佐藤（二〇一三）、佐藤（二〇一五、一五三頁）参照。
（3）牧野（一九七九、四五頁）参照。
（4）牧野（一九七九、一七頁）参照。
（5）ただし、牧野（一九七九、二九頁）の記すところを見る限り、この交流において、上方から地方への文化の移入の色彩は、明確ではない。
（6）このことにより、井本編（一九九八）のような聞き書きも可能になった。
（7）牧野（一九七九、六〇～六三頁）参照。
（8）牧野（一九七二、一六一～一六七頁）、牧野（一九七九、二〇八～二二九頁）参照。
（9）北前船の寄港地については、加藤・鐙（二〇〇二）を参考にした。
（10）網野（二〇〇五、二三五頁・二八九頁）、高瀬（一九八四、一三六～一三八頁）、牧野（一九七九、三一～三七頁・四二頁）参照。

(11) 牧野（一九七二、一八～二二頁）によると、少なくとも一八世紀前半までは盛んに利用されたらしい。
(12) 彦坂（二〇〇五）参照。また彦坂（二〇〇五）によると中世にすでに発生の兆しがあるとされる。
(13) 二〇世紀初頭に言語地理学の開祖、ジリエロンたちにより発表された論文（J・ジリエロン、J・モンジャン一九〇八）にすでに見られる。
(14) 伝播における受容と拒否については、澤村（二〇一一、七頁）、高橋（二〇〇八）参照。
(15) ただし、市川（一九七二、一〇二～一〇三頁）や市川（一九八八、一六～一七頁）に記されるとおり、戦国の佐々成政の行軍で知られるとともに、江戸時代には塩の運搬に使われた針ノ木峠を使うルートはあるが、かなりの難所である。
(16) 小林（一九五〇、二二七頁）は、サカイ類に隣接しながら点在するサエやシなどもサカイからの音変化によるものとするが、たとえ関係があるにしても単純な音変化では説明ができない。
(17) 近畿方言において、ミーヘン（見ない）・オキヘン（起きない）がミーヒン・オキヒンのようにヘンがヒンに変化するのは直前の母音イの影響を受けたもので、順行同化の例である。同じく近畿方言でオキヘン（起きない）がオケヘンのように変化することもあるが、こちらはキが直後のへの母音エから影響されたことによるので、逆行同化と呼ばれる。以上の変化については日高（一九九四）参照。なお、順行同化については第7章でも扱う。
(18) 「トラマエル」（捕らえる）は「トラエル＋ツカマエル」の混交で発生した。またカタグルマ（肩車）は関東周辺部のテングルマと千葉県中北部のカタウマの混交で発生し、東京都で定着したものが標準語となったと考えられている。沢木（一九八七）、馬瀬（一九九二、七八～九四頁）も参照。
(19) 逆接確定条件の接続助詞は『方言文法全国地図』1集38図による。
(20) 佐藤（一九七七、一九八二）、徳川（一九七二）参照。飛び火的伝播については第9章で考察する。
(21) 第9章で述べるように、筆者は、徐々に北上していくというような順次の広がりというイメージには賛同しておらず、分布の全体像は短期間に領域を埋めるように形成されることを想定している。その立場から記すと、拒否地域を「飛ばす」のではなく、そこだけが「埋まらない」形で分布ができたと考えている。
(22) ケン・ケーの語源説については小林（一九九二）に整理されているので参照のこと。なお、ケンド（モ）やケード（モ）といった逆説確定の形式への類推がもとになったとしても、それに対応するケレバなどが存在したわけではなく、逆説確定の形から類推し、また分析的に切り出す（このような変化は「析出」と呼ばれる）形で発生した可能性が考えられる。

(23) あえて挙げれば、「旋毛」のギリ類、「薬指」のベニ類、「踵」のキビス類、「灸」のヤイト類、「南瓜」のナンキン類、「粳」のタダゴメ類、「瀬戸物」のカラツ類、「菫」のスモートリ類などは、そのように見えなくもない。

(24) 牧野（一九七九、三〇〜三一頁）参照。

(25) 大西（二〇一〇）参照。

(26) 牧野（一九七九、一二三頁）参照。

(27) 岸江（二〇一四）参照。

【参考文献】

網野善彦（二〇〇五）『日本の歴史をよみなおす（全）』（筑摩書房、ちくま学術文庫。網野善彦（一九九一）『日本の歴史をよみなおす』、網野善彦（一九九六）『続・日本の歴史をよみなおす』（筑摩書房、ちくまプリマーブックス）の再録）

市川健夫（一九七二）『信州の峠』（第一法規）

市川健夫（一九八八）『信州学ことはじめ』（第一法規）

井本三夫編（一九九八）『北前の記憶』（桂書房）

大西拓一郎（二〇一〇）「日本海側と畿内の方言分布をむすぶもの」金関恕監修、内山純蔵・中井精一・中村大編『東アジア内海の環境と文化』（桂書房）五〇〜六五頁

加藤貞仁・鐙啓記（二〇〇二）『北前船―寄港地と交易の物語―』（無明舎出版）

岸江信介（二〇一四）「東西対立の経年比較」『日本語学会二〇一四年度秋季大会予稿集』三九〜四二頁

小林賢次（一九九二）「原因・理由を表す接続助詞―分布と史的変遷―」『日本語学』一一-六、一三一〜一四一頁

小林好日（一九五〇）『方言語彙学的研究』（岩波書店）

佐藤亮一（一九七七）「物の伝来と名称の伝播　渡来作物名をめぐって」『言語生活』三一一、四〇〜四八頁

佐藤亮一（一九八二）「方言語彙の分布―「日本言語地図」に見る」佐藤喜代治編『講座日本語の語彙　八　方言の語彙』（明治書院）五七～八二頁
佐藤亮一（二〇一三）「東西方言の攻防―明治期から現代まで」『日本語学』三二―六、八〇～九〇頁
佐藤亮一（二〇一五）『滅びゆく日本の方言』（新日本出版社）
澤木幹栄（一九八七）「言語地図に見るコンタミネーション」『言語生活』四二九、六〇～六四頁
澤村美幸（二〇一一）『日本語方言形成論の視点』（岩波書店）
J・ジリエロン、J・モンジャン（一九八八）「フランス語地域の南部における方言「のこぎりで挽く」とその単語家族の歴史（1）」（大川泰子、W・A・グロータース、佐々木英樹訳）『日本方言研究会第四七回研究発表会発表原稿集』六六～七五頁（原著は、J.Gilliéron et J. Mongin, 1905 Scier dans la Gaule Romane du Sud et de l'Est, Honoré Champion. Paris.）
高瀬重雄（一九八四）『日本海文化の形成』（名著出版）
高橋顕志（二〇〇八）「接触変化から見た方言の形成」小林隆・木部暢子・高橋顕志・安部清哉・熊谷康雄『シリーズ方言学　一　方言の形成』（岩波書店）八三～一二三頁
徳川宗賢（一九七二）「ことばの地理的伝播速度など」服部四郎先生定年退官記念論文集編集委員会編『現代言語学』（三省堂）六六七～六八七頁
彦坂佳宣（二〇〇五）「原因・理由表現の分布と歴史―『方言文法全国地図』と過去の方言文献との照合から―」『日本語科学』一七、六五～八八頁
日高水穂（一九九四）「近畿地方の動詞の否定形」『方言文法』（GAJ研究会）一、五五～七七頁
牧野隆信（一九七二）『北前船』（柏書房）
牧野隆信（一九七九）『北前船の時代―近世以降の日本海海運史―』（教育社）
馬瀬良雄（一九九二）『言語地理学研究』（桜楓社）

第3章　せめぎ合いで変わった活用

――山の攻防――

1 活用

嫌われ者

国語の授業の中でもとりわけ文法はつまらないようだ。そのつまらなさを生み出す主犯は活用らしい。「か・き・く・く・け・け」「かろ・かっ・く・い・い・けれ」「だろ・だっ・で・に・だ・な・なら」…もうやめてくれ、と本を閉じてしまった人は、もう読んでいないからしかたないが、ついてくることができた人はしばらく付き合ってもらいたい。

そんな嫌われ者の活用というやつの居場所は、頭の中である。そして、そんな鼻つまみ者が社会的に共有されているから、「起きない」はよいが、「起きるない」は変だという共通の判断ができる。そんな活用に方言差がある。だから「起きん」とは言っても「起きらん」とは言わないという町と、「起きらん」は言うが「起きん」とは言わないという村の違いができる。

活用の基本

そのような活用の中心にいるのは、動詞である。活用は語形変化する部分の五十音図での位置をもとに分類される。「か・き・く・く・け・け」(例えば「書く」)のように語形変化する場合は、カ行で(五十音図では縦方向に五段の中の)四段にわたっているので、四段活用である。「き・き・く・くる・くれ・きよ」(例えば古典語の「起くる」)の場合は「き」と「く」

なので二段であるが、「け・け・く・くる・くれ・けよ」（古典語の「開くる」）の二段もあるので、前者は（五十音図で真ん中のウ段とその一つ上のイ段だから）上二段活用、後者は（五十音図で真ん中のウ段とその一つ下のエ段なので）下二段活用である。「き・き・きる・きる・きれ・きよ」（例えば「着る」）はイ段の「き」だけであることから上一段活用となる。これらからやや外れた不規則的な活用は「カ行変格活用」「サ行変格活用」のように変格活用と呼ばれる。

2　活用の変化

活用は統合する

古典語には「上二段活用」「下二段活用」「上一段活用」「四段活用」「カ行変格活用」「サ行変格活用」「ナ行変格活用」「ラ行変格活用」の八種類があった[1]。現代語には「上一段活用」「下一段活用」「五段活用」「カ行変格活用」「サ行変格活用」の五種類しかない。これは歴史的な変化の結果、活用の種類が統合され、減ったからにほかならない。

活用の統合というのは、複数の活用が一つにまとまることである。古典語から現代語への変化の中では、上二段活用と上一段活用が上一段活用に、四段活用とナ行変格活用とラ行変格活用が五段活用にそれぞれ統合した。活用は国語の授業で嫌われるとおり、ある種の複雑さを持っている。変化の方向はその複雑さを解消し、簡潔に合理化する方向に進むもので、理にかなっている。一般に言語の変化は合理化・経済化に向かう。それは言語の本質がコミュニケーションの道具であり、そのために共有されるシステムであることに根ざしている。システムはシンプルなほうがよい。上二段活用や下二段活用はその名のとおり、語幹の母音がイ段とウ段（上二段活用）、もしくはエ段とウ段（下二段活用）で語形変化する。その点、上一段活用や下一段活用は、イ段（上一段活用）やエ段（下一段活用）で固定しており、簡潔である。上二段が上一段に、下二段が下一段に変化合流していく理由はここにある。

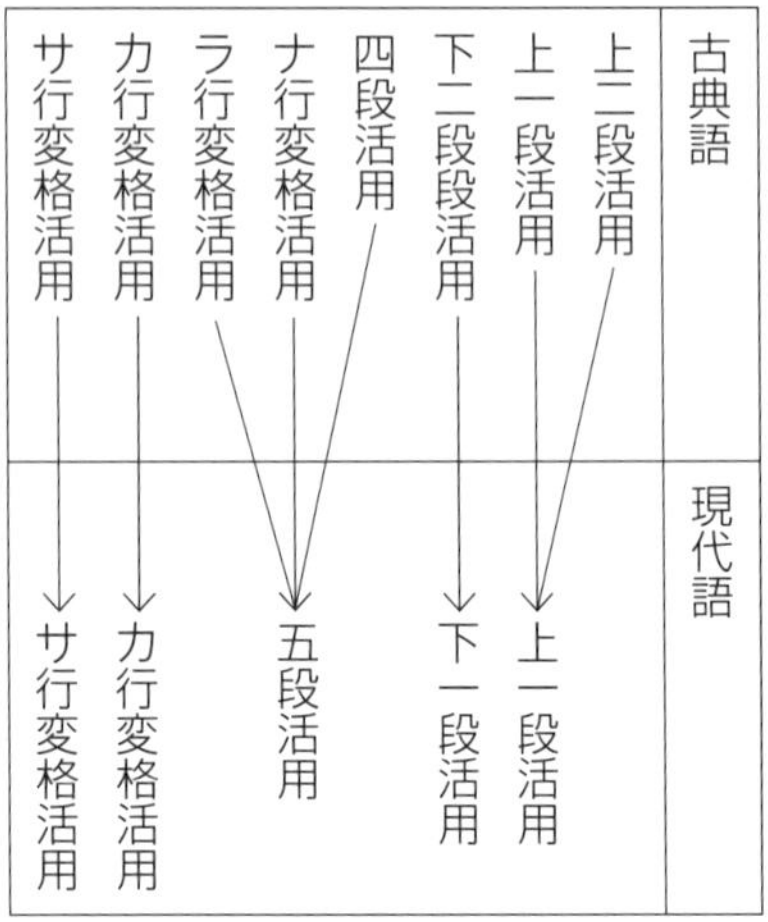

活用は染まる
――ラ行五段化

「有る」「刈る」「去る」「足る」「鳴る」「貼る」「遣る」「割る」は、五十音図のア段各行に「る」を付けてみただけのことであるが、いずれもラ行五段活用の動詞になっている。動詞全体の中で五段活用の割合は高く、約五割を占めており、加えて五段活用（また前身である四段活用）の中でもラ行が圧倒的に多く、五段活用動詞の中で約三割がラ行である。[2] つまり、動詞全体の中でラ行五段活用動詞が圧倒的な数を誇っているわけである。

ラ行五段活用動詞は右の例でわかるようにいずれも「る」で終わる。それでは「居《い》る」「着る」「似る」「見る」「得る」「寝る」はどうか。いずれも「る」で終わるが、これらは上一段活用や下一段活用である。「る」で終わる動詞のすべてがラ行五段活用であるわけではない。しかし、ラ行五段活用は圧倒的に多い。このことが変化を引き起こすきっかけとなる。多い方に引きつけられて、言わば染まってしまうのである。ラ行五段活用の「切る」と上一段活用の「着る」を例にとると、そのようすは上のような比例式で表される。

切ル：切ラン　＝　着ル：ｘ

ｘ＝着ラン

複数の異なるタイプが存在する場合に、多数を占めて、より一般的なほう[3]に他方が引き寄せられる変化は「類推」と呼ばれる。[4] 類推は、言語や方言を問わずしばしば確認される基本的なことばの変化である。

内的変化と外的変化　活用の統合や類推による変化はその原因がことばの中にあり、ことばが持つ体系（システム）性をより合理的で経済的な方向に高める。

上二段活用の上一段活用への統合
　起キン　起クル　↓　起キン　起キル
類推によるラ行五段化
　起キン　起キル　↓　起キラン　起キル

このようにことばの変化の原因がことばそのものの中に求められる言語変化は、第2章でも述べた言語内的要因による変化（略して「内的変化」）である。内的変化では原因を手がかりにして、変化のステップも解明できる。

右の例をもとに考えてみよう。「起キン　起クル」（上二段活用）から「起キラン　起キル」への変化があった場合、必ず上一段活用への統合を経た上で、類推によるラ行五段化が起こったはずである。最初の上一段活用への統合がなければ、次のようになり、現実には存在しない「起クラン」

送クル：送クラン ＝ 起クル：x
x ＝起クラン

が発生することになるからだ。(5)

ところで、ことばが変化する原因は、すべてがことば自体の中（すなわち内的変化）に求められるわけではない。特にことばを使う人が、近隣も含め、他地域の人と接触する中でもともと自らの中にはなかった要素——単語やその一部の形式、また文法的な形など——を取り込むことがある。

しばらく前までは、おじさんたちの駄洒落はツマラナイと言っていたはずなのに、いつの間にか若者たちと同じようにウザイと言うようになったという人はいないだろうか。その人には外からウザイが導入されたわけだ。このように原因がことばの外、とりわけ人間集団（共同体）どうしの接触に求められるような言語変化は、やはり第2章で述べたように、言語外的要因による変化（略して「外的変化」）と呼ばれる。

3　ウエストコーストとイーストコーストの狭間で

長々と理屈を並べてきたが、ここからが本題で、具体的な方言のことになる。九州の中部に次のような活用を持つ地域がある。

特異な活用の存在

起キラン　起クル

これがいかに特異であるかは、これまで述べてきたことから理解されるだろう。起キランの発生は、起クル（上二段活用）から上一段活用への統合により変化した起キルの存在を前提とする。起クルは最初期の原形であって、次にも述べるように起キランはその二世代後に発生する。したがって、起キランと起クルは共存しないはずなのである。それにもかかわらず、現実には、理屈の上では存在しないはずの活用が使われている。

混ざり合う活用

ここでもう一度、変化の過程を整理し直そう。上二段活用型（起クル・起キン）が原形（第一世代）である。それが上一段活用と統合・合流する（起キル・起キン）のが第二世代である。次にラ行五段化が起こり（起キンが起キランに変化）、第三世代となる。

第一世代　終止形＝上二段型（起クル）、否定形＝非ラ行五段化型（起キン）
第二世代　終止形＝上一段型（起キル）、否定形＝非ラ行五段化型（起キン）
第三世代　終止形＝上一段型（起キル）、否定形＝ラ行五段化型（起キラン）

そして、次が特異な活用である。

特異活用　終止形＝上二段型（起クル）、否定形＝ラ行五段化型（起キラン）

特異な活用は、第一世代の終止形「起クル」と第三世代の否定形「起キラン」が混ざったようなものであることがわかる。

混ざり合う場所

地図でこれらの活用が使われている場所を確認しよう。古典語にあった二段活用（上二段活用、下二段活用）が顕著に残っていて明瞭な分布を示し、変化過程の各世代と特異な活用が見られるのは九州である。図3-1（p.70）に分布図を示した。

地図上に○で示した第一世代（終止形＝上二段型（起クル）、否定形＝非ラ行五段化型（起キン））は、九州の東側に分布している。△で示した第二世代（終止形＝上一段型（起キル）、否定形＝非

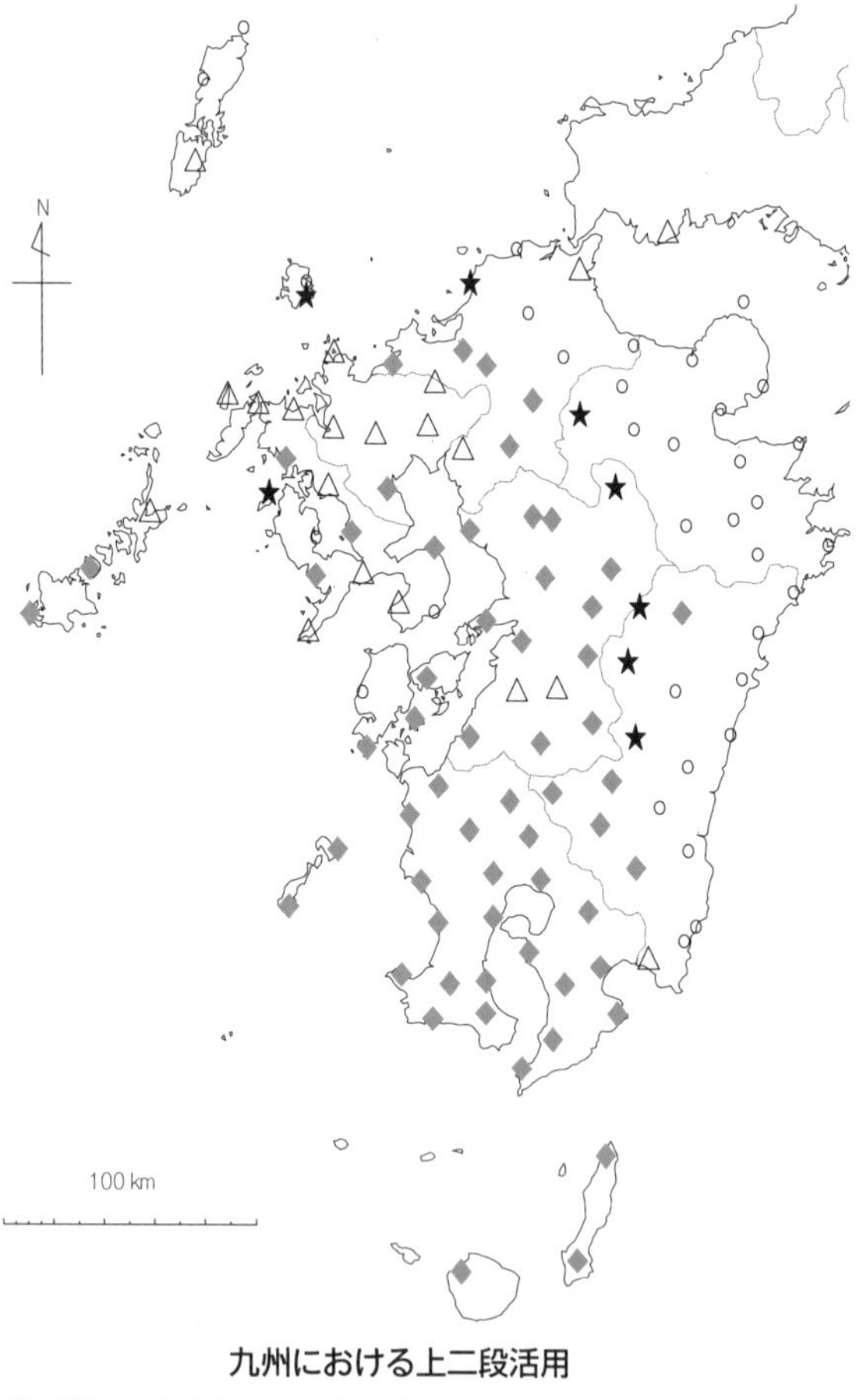

九州における上二段活用

第一世代 ○ 終止形＝二段型（起クル）、否定形＝非ラ行五段化型（起キン）
第二世代 △ 終止形＝一段型（起キル）、否定形＝非ラ行五段化型（起キン）
第三世代 ◆ 終止形＝一段型（起キル）、否定形＝ラ行五段化型（起キラン）
特異活用 ★ 終止形＝二段型（起クル）、否定形＝ラ行五段化型（起キラン）

図 3-1　九州における上二段活用動詞の分布
『方言文法全国地図』2 集 61 図、2 集 72 図に基づく。

ラ行五段化型（起キンン））は、おもに北西部に分布している。◆で示した第三世代（終止形＝上一段型（起キル）、否定形＝ラ行五段化型（起キラン））は西側にかなり広い領域を持っていることがわかる。

さて、ここでいよいよ問題の特異な活用（終止形＝上二段型（起クル）、否定形＝ラ行五段化型（起キラン））である。地図では★で分布を示している。九州の中央を縦断するように南北の線状に分布している。そして、これはちょうど第一世代と第三世代の境界である。言語的な形式の上でも第一世代と第三世代の混ざったような特徴を有しているが、使用される場所もまさに双方にはさまれたところに分布しているのである。

分布を見ることでこの特異な活用がどのようにして成立したのかは、明らかである。第一世代と第三世代が混ざったのである。歴史的には祖父の世代と孫の世代が混ざったことになる。生物であれば異なる世代が同じ時代に存在し混ざることは考えにくい。しかし、方言は、異なる場所で時代を異にすることばが同時代に生きていることはいくらでもあり、まったく不思議なことではない。九州の東部で第一世代が生き続けているが、西部では第二世代に変化し（第二世代の状態はおもに北西部で維持されている）、その大部分はさらに第三世代に変化した。その結果、第三世代は、祖先である第一世代とかなり長い境界で接することになった。接する中で、終止形は起クル、否定形は起キランが選択されて、特異な活用が成立したのである。

選択にあたっては、終止形は起キル、否定形は起キンという道もあったはずであるが、それは選ばれなかった。この選択肢は結果的に第二世代と同じであり、第二世代から第三世代へラ行五段化による合理化をはかった後に再びそれを捨て去り、先祖返りすることになるが、それはなされなかったことになる。逆戻りすることなく、みごとに前に向かって進んでいる。

取り込んだのはどちらか

それでは東側の第一世代が第三世代のラ行五段型の否定形を選んだのだろうか。それとも西側の第三世代が第一世代の上二段型の終止形を選んだのだろうか。

おそらく東側が、西側の第三世代の否定形（ラ行五段化型）を選んだものだろう。ひとつの根拠は言語形式上のことである。終止形に上二段型を取り入れるというのは語幹母音の交替を体系の中に取り込むことが必要になり、一つ前の世代で語幹母音を固定化する合理化をはかって上一段型に合流した第三世代にとっては、なかなか踏み込みづらい道である。もうひとつの根拠は分布である。特異な活用の分布は県境にも近いが、その多くは境界の東側である。行政上の境界は、絶対的ではないものの、ある程度はコミュニティーの一定範囲に該当する性質を帯びるのは確かだ(6)。大分県から宮崎県の中北部までは第一世代が使われ、西部の熊本県の第三世代と県境で接していたのだろう。そして、県境の東側の第一世代が、西側の否定形を取り入れたと考えることで分布が説明できる。

特異な活用のあるところ

ここでこの地域の標高を合わせて見てみよう。そうすると図3-2が示すように、特異な活用は九州の脊梁ともいわれる九州山地に沿うように分布していることがわかる。理論から理解されるように特異な活用は第三世代よりもさらに新しい。その

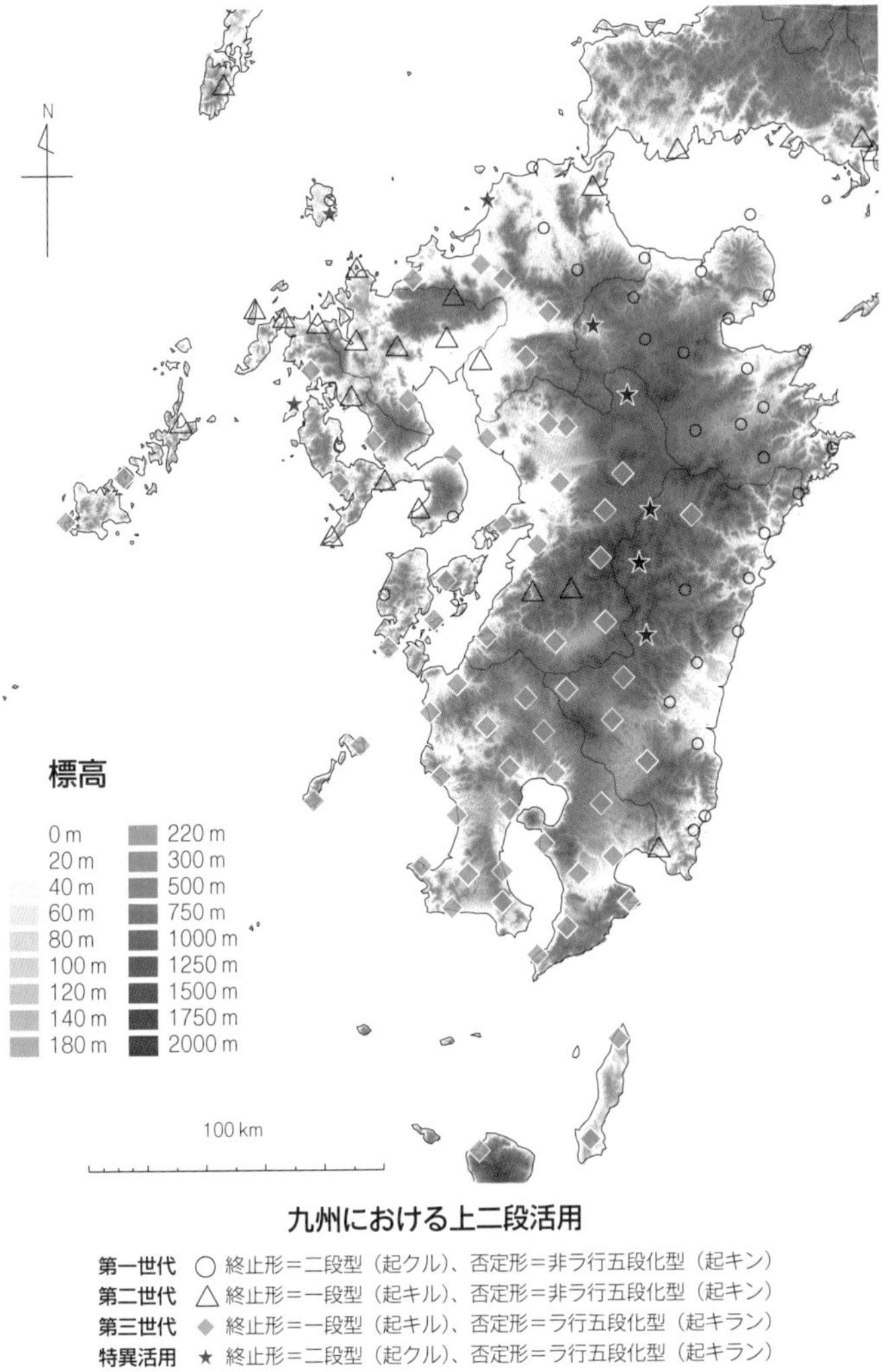

図 3-2　九州における上二段活用動詞の分布と標高

最も新しい世代のことばが使われているのは、大都会ではなく、九州山地の最深部（最高部）であることは、ちょっと意外ではないだろうか。

起クル・起キランということばのあり方は新しい。そのくせ、起クルのような上二段型のずいぶんと古めかしい形を持っている。そのような古態と最新の起キランが同居しているからこそ、特異な活用なのである。言わば、いろりの縁で電子書籍を読んでいるようなものである。もちろん、いろりは起クルであり、電子書籍は起キランである。

いろりのそばの電子書籍はミスマッチかもしれないが、意外に心地よいかもしれない。フィールドワークの経験をふり返ってみても、相当な僻地であるにもかかわらず、最新の情報機器、農耕機械、自動車などを草葺き屋根のそばで使いこなす話者たちに出会うことは珍しくない。都会人にはいなかを見るフィルターがあって、そういったところは見ないでしまっている（あるいは、見ないようにしている）ことがままある。いなかはすべて古くさくなければならないというのは、ある種の妄想に過ぎない。

【注】

（1）そのほかに「下一段活用」も知られるが、やや特殊であり、ここでは省いておく。

（2）大西（一九九五、八〇頁）に古典語をもとに記しているが、四段活用は動詞全体の約五二パーセント、四段活用の中でラ行は二八パーセントを占めている。

（3）言語学ではそのような一般的なものを「無標」といい、一般的ではないものを「有標」と呼ぶ。この例ではラ行五段活用が無標、上一段活用が有標である。

（4）類推による変化を説明する比例式は、考案したH. Paulの名を冠して「パウルの比例式」と呼ばれる。

（5）迫野（一九九八）は、類推とは別に、ラ行五段形式への強い志向が上二段活用型の動詞に及ぶことで起キランのような形が生じたとする。

（6）歴史的な観点からの言及は、水津（一九七二、一六八〜一七二頁）参照。

【参考文献】

大西拓一郎（一九九五）「岩手県種市町平内方言の用言の活用」『研究報告集』（国立国語研究所）一六、五七〜九八頁

迫野虔徳（一九九八）「九州方言の動詞の活用」『語文研究』八五、七一〜八三頁

水津一朗（一九七二）『地域の論理―世界と国家と地方―』（古今書院）

第4章　太陽がノボラサッタ（お昇りになった）、花がサケル（咲くことができる）

——山の思考——

1　太陽が「昇った」は、太陽の動作なのか

太陽が東の空に…

かつて大阪大学で教鞭を執られた真田信治氏は日本の方言学・社会言語学・言語地理学をリードし続け、現在活躍中の研究者たちを多く学界に送り出された。その真田氏のご母堂、真田ふみ氏は出身地である富山県五箇山の方言集を作成された在野の研究者として知られる。真田ふみ氏の著書『方言百話』のあとがきに次の一節がある。(1)

この地方にはもともと天体や天象を擬人化し、それに対して敬語を使うということがありました。それがある年層を境にして無くなってきています。…（中略）…「日様でやさった」「お月様かくりゃった」「星様出てござる」、待ちこがれた雨が降れば「よい雨が降らさってのい」などと、この地方での最上級の敬語を使います。

真田信治氏は五箇山地方の一集落を対象に一九八二年に共同研究の一環で調査を実施し、「ヒーサマ（日様＝太陽が）ノボラサッタ（昇ラサッタ＝お昇りになった）」のような表現が当時の三〇

歳代から四〇歳代を境にそれより若い世代では使われなくなったことを明らかにした。(2) 真田親子の研究は、一方通行で影響を及ぼしたのではなく、子の研究から母が刺激を受け、母の著作で子が研究を展開するというみごとな連携関係の上で形成されている。

真田氏たちの調査結果に基づくなら、二一世紀初頭の二〇一〇年前後でも「太陽が昇ラサッタ」のような表現は遠い昔に消え失せたわけではなく、当時の年齢にその後の経過年数を加えれば、五箇山における現在の七〇歳代あたりでは、まだそれを聞き出せる可能性が残されていると考えられる。

自然物である天体の太陽に対し敬語を使うというのは、何とも興味深い。このことも含めて二〇〇九年から二〇一二年にかけて富山大学人文学部の中井精一先生たちとともに、五箇山を含む富山県の庄川流域で共同調査を行った。

「昇る」は太陽の動作？

標準語で「太陽が昇った」と言うとき、この「昇った」は何を表しているのだろうか。文は主語と述語でできている。日本語では主語が省略され、必ずしも表に出ないこともあるが、さがせば求めることができる。「太陽が昇った」の場合、主語は「太陽」であり、述語は「昇った」である。このことに異論はないはずだ。

「昇る」は動詞であり、主語の動作を表す。「中学生が八ヶ岳を登る」「老人が階段を上る」など、漢字表記は異なるが、「のぼる」は動作である。それでは「日が昇る」「日が昇った」は、「日（太陽）」の動作だろうか。「動作」は、主語に当たるものの主体的で意志的な動きである。確かに「日が昇る」

は太陽の「動き」であるが、そこに意志性はない。気まぐれに止まったり、蛇行したりすることは絶対にない。したがって、「日が昇る」「日が昇った」は状態的に事態を表していることになる。

つまり、文の構造上は「日が昇る」の「昇る」は、太陽の動作である。しかし、そこに太陽の意志性は認められないため、「日が昇る」は全体として状態を表していることになる。この点に関しては、おそらく天動説の時代でも同じで変わりはないだろう。

生物と無生物

対象が生物か無生物かによって、ことばの上での扱いが区別されることがある。ことばの研究においてはその扱いについて、生物の場合は「有情」、無生物の場合は「無情」（もしくは「非情」）と呼ぶ。標準語で典型的なのは存在を表す動詞である。「中学生がいる」とは言うが、「中学生がある」とは言わない。「鉛筆がある」とは言うが、「鉛筆がいる」とは言わない。「いる」は有情的で、「ある」は無情的であることになる。[3]

方言によっては助詞の使い方にその違いが反映する。茨城では、有情の場合は「一郎ガ物（一郎の物）」「俺ゴト蹴っ飛ばした（俺を蹴っ飛ばした）」と言うのに対し、無情の場合は「机ノ脚（机の脚）」「足蹴っ飛ばした（足を蹴っ飛ばした）」と言い、有情か無情かで助詞に使い分けのあることが知られている。[4] 有情と無情の区別のあり方は、標準語と方言、また方言ごとに異なる。なお、有情と無情は、ことばにおける扱いであって、生物学における生物・無生物に直接対応するわけではないので、注意が必要である。

五箇山の「（太陽が）昇ラサッタ」には敬語の要素が含まれている。冒頭の真田ふみ氏が引用の中で述べられているように「擬人的」であり、その点で太陽など天体が有情的に扱われ、状態ではなく動作的に表されていることになる。

五箇山と庄川

五箇山は富山県の西部を南北に流れる庄川の上流域に位置する。現在は南砺市の一部になっているが、合併前の（旧）平村と（旧）上平村は五箇山である。また、庄川に合流する支流のひとつに利賀川があり、その流域の（旧）利賀村も五箇山である。五箇山にはいくつもの集落があり、それぞれが庄川流域に分散している。(5) なお、庄川上流は富山県と岐阜県にまたがるが、岐阜県側（旧国名では飛騨側）は白川郷と呼ばれ、富山県側（旧国名では越中側）の五箇山からは区別される。(6) 五箇山も白川郷も合掌造りの壮大な民家がよく知られており、世界遺産に登録されている。

庄川は飛騨高地を源流に、上流の五箇山から、中下流の砺波平野を経て、日本海に流れ込む全長一一五キロメートルの中規模河川である。上流域が急峻な山岳地帯で、中下流が平野という点では典型的な日本の河川ではあるが、五箇山は秘境として知られる、とりわけ不便な地で、同じ河川の流域でありながら、上流部と中下流部のコントラストがきわめて明瞭なことを大きな特徴とする。

2　敬語

尊敬語と丁寧語

ここで扱うのは昇ラサッタのような敬語である。活用の次は敬語か、勘弁してよという声が聞こえてきそうだ。確かに国語の授業では敬語もあまり好かれていない。もっとも、活用に較べると敬語は職場での受け答え、顧客との対応などでその運用が欠かせないこともあって実用性が高い。最近、筆者は二十年近く乗り続けた自家用車を買い換えるため、ディーラーで試乗させてもらった。その折、同乗した店員の敬語のあまりのすばらしさ（「お乗り申されるとわかりますが…」「先ほど私がおっしゃいましたように…」などなどと連発）に気を取られて、肝心の車の乗り心地がわからなくなってしまった。

敬語は、大きく分けて尊敬語と丁寧語に分かれる。(7) 尊敬語と丁寧語の違いは敬意の対象が、述語の主体（尊敬語）か、聞き手（丁寧語）かというところにある。

例えば、次の文で考えてみよう。

山田さんが、その本を読まれます。

この中で「読まれます」に敬語があることは、すぐ理解されるだろう。「読まれ」が尊敬語で、「ます」が丁寧語である。この文が話された場に、山田さんはいないと考えてみよう。話し相手は鈴木さんである。その場合、「ます」が表す丁寧さは、山田さんに対してではなく、鈴木さんに対してであることがわかる。一方、「読まれ」はあくまでもこの述語に対する主語、つまり、「読む」動作の主体である山田さんに対してである。尊敬語は文で決まり、丁寧語は場で決まるといってもよい。

対者と第三者

尊敬語が述語の主体で決まるとはいっても、それが常に、また、絶対的に支配しているわけではない。山田さんがその場にいれば、

山田さんが、その本を読まれます。

と尊敬語を用いて言うが、山田さんがその場にいなければ、

山田さんが、その本を読みます。

と尊敬語を用いないで言うことがある、という状況は想定できるだろう。

あなた自身のこととして考えてみてほしい。あなたに対して話すときは、「読まれますか」と表現されるが、あなたがその場にいないときは、「あの人（＝あなた）は、読みますか」と表現され

ることがあるということである。まるで、話し手が多重人格者のように思われてくるかもしれないが、尊敬語というのは、そのようなものと理解しておく必要がある。

その場にいる聞き手に対して用いる敬語は対者敬語、その場にいない人に対して用いる敬語は第三者敬語と呼ばれる。対者と第三者で扱いが変わることは、日本語の運用においては特殊なことではなく、むしろ一般的である。扱いが変わらない場合は、敬語の使われ方が絶対的であるということになる。典型的なのは皇族が対象の場合である。その点で、絶対的な敬語の使われ方のほうが特殊であることがわかる。

3 坊様と太陽──太陽がノボラサッタの位置づけ

太陽

文の構造上、動詞「昇る」が表す動作の主体が太陽の場合、どのように尊敬語が用いられるか。庄川流域における分布を示したのが、図4-1である。地図では、市町村をいわゆる平成の大合併以前の枠で示している。平村・上平村・利賀村が五箇山地方で上流部に当たる。城端町・井口村・井波町・福光町・福野町・庄川町が中流部で、小矢部市・砺波市・高岡市・新湊市・大門町・大島町が下流部である(8)。右にも記したとおり、上流部は高地であり、下流部は広く平野を構成

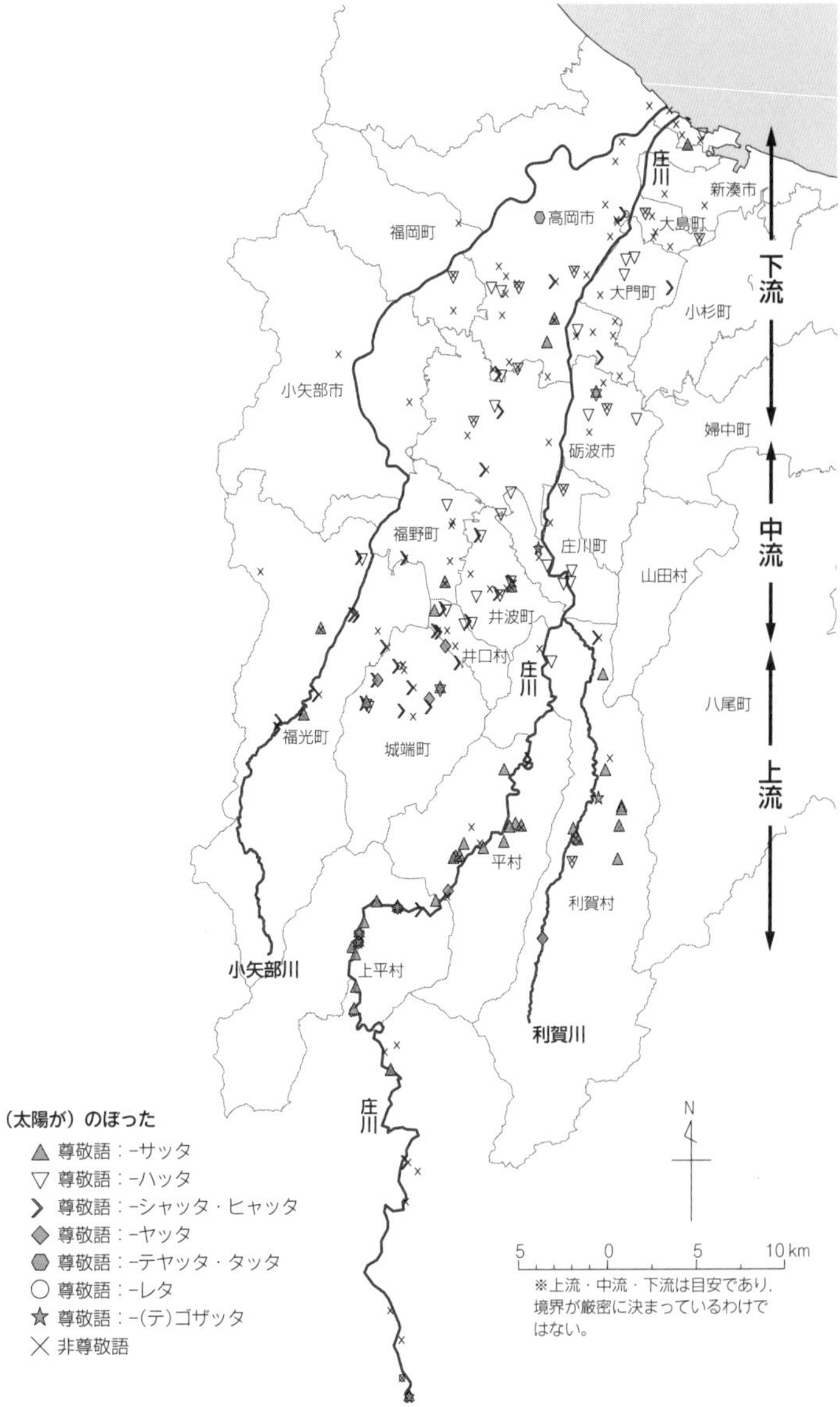

図 4-1 「(太陽が) のぼった」における尊敬語（庄川流域）

する。中流部はその中間地帯に当たる。
分布は、太陽に対する尊敬語が、下流部・中流部・上流部の地域ごとに次のように異なることを示している。[9]

下流部	中流部	上流部
ハル類	シャル類	サル類

住職

庄川流域を含む北陸地方は、浄土真宗が盛んな土地である。[10] 報恩講と呼ばれる親鸞をまつる行事（地元ではホンコサマと呼ばれている）が、年中行事として今も熱心にとり行われているのは、その象徴ともいえるだろう。そのようなことから、人々が属するお寺の住職（檀家の住職）も尊敬語の対象となる。その住職の動作を第三者（その場にはいない）として扱う場合[11]にどのように尊敬語が用いられるかを示したのが図4-2である。

この分布も、下流部・中流部・上流部の地域ごとに次のように異なっている。

下流部	中流部	上流部
ハル類	シャル類	サル類・ヤル類

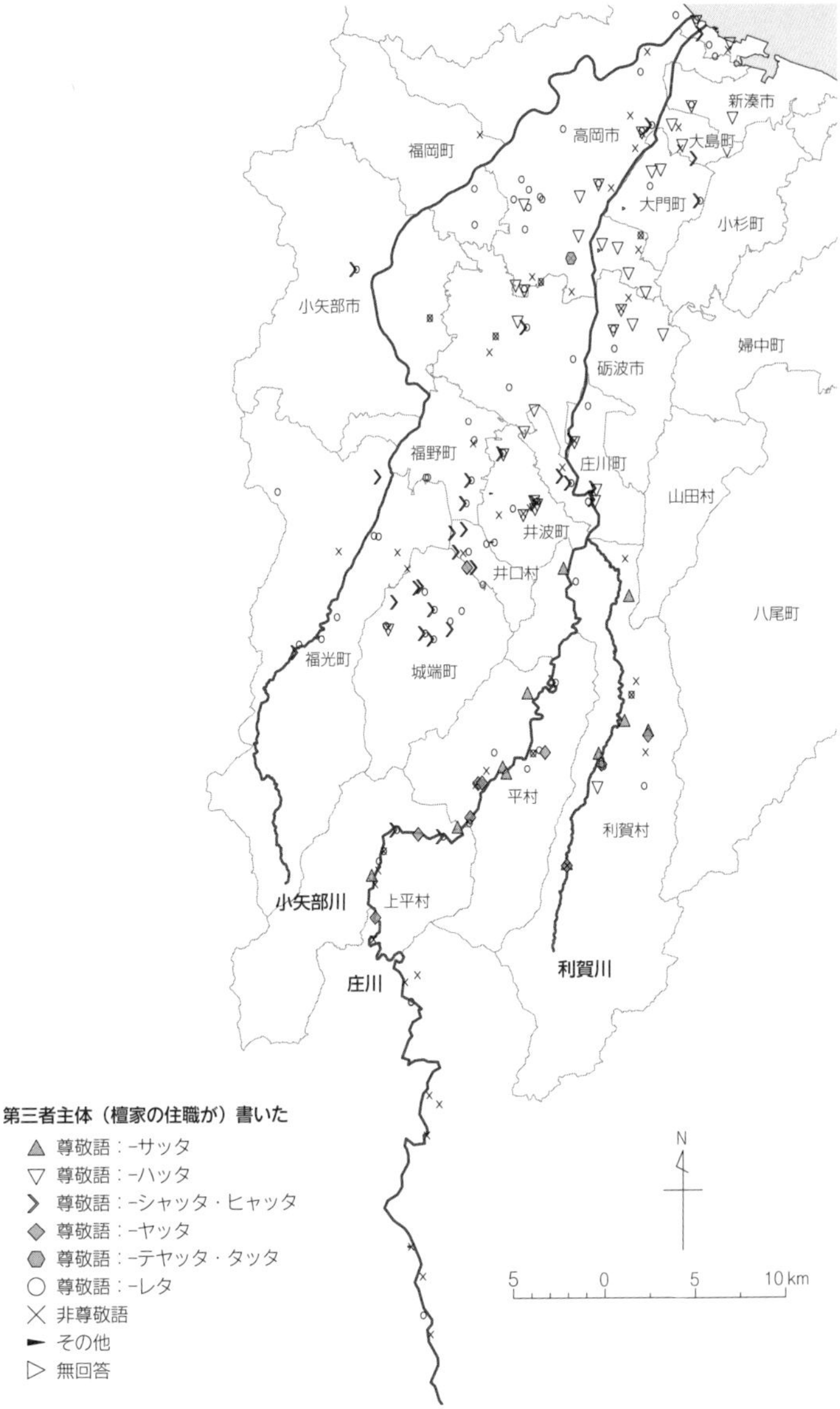

図 4-2 「（住職が）書いた」（第三者場面）における尊敬語（庄川流域）

それでは檀家の住職が話し相手、つまり対者の場合はどうだろうか。図4-3にその場合の尊敬語の分布を示した。[12] これも地域ごとに整理すると、次のようになっている。

下流部	中流部	上流部
ハル類・レル類	シャル類・レル類	サル類

天文対話

太陽（図4-1）とふた通りの場面による住職（第三者としてか＝図4-2、対者としてか＝図4-3）を主体とする敬語形式を地域ごとに並べると次のようになる。地域ごとに場面を照合した場合に共通するところを太線で囲んだ。

	下流部	中流部	上流部
太陽	**ハル類**	**シャル類**	**サル類**
住職（第三者）	**ハル類**	**シャル類**	サル類・ヤル類
住職（対者）	ハル類・レル類	シャル類・レル類	**サル類**

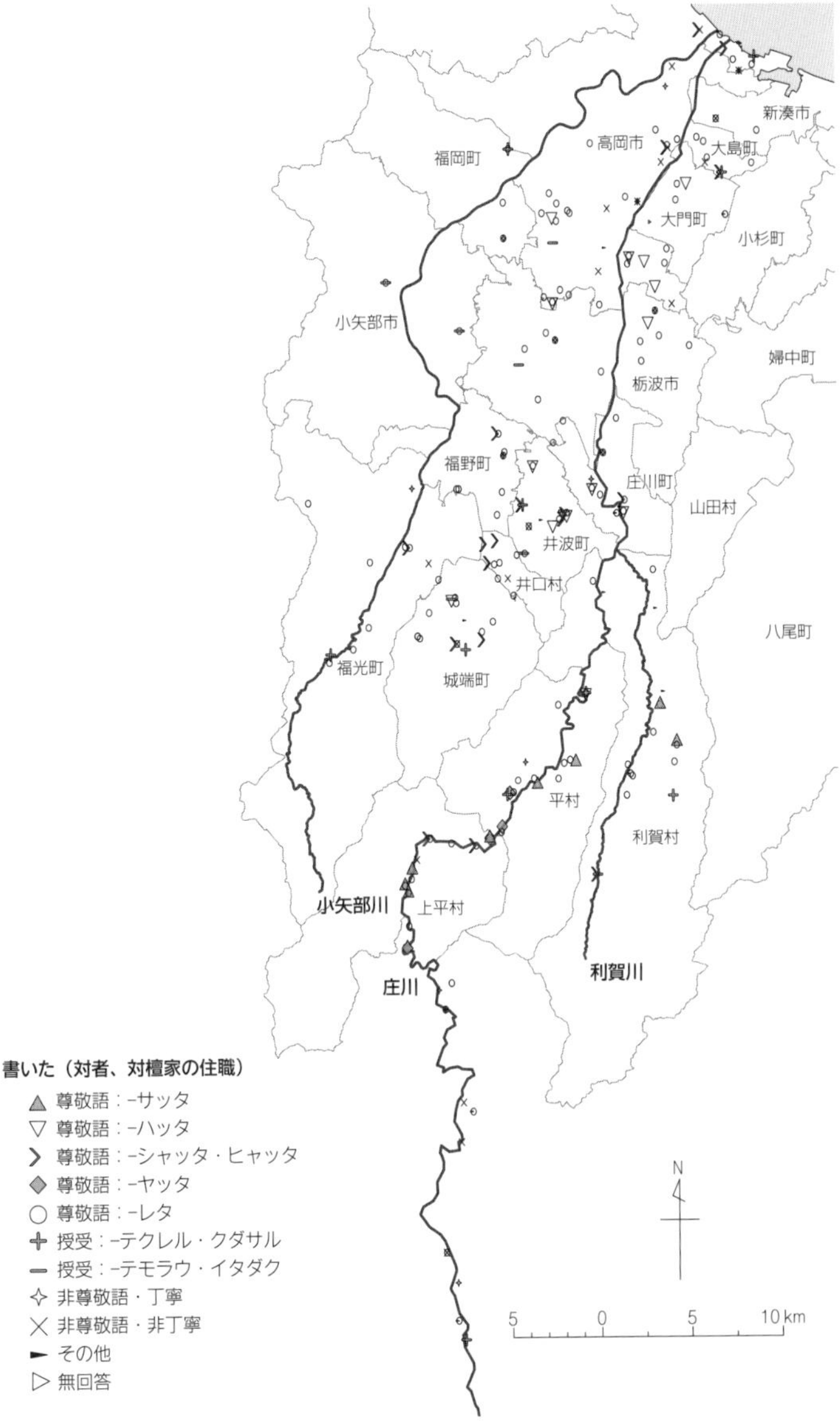

図 4-3 「(住職が) 書いた」(対者場面) における尊敬語 (庄川流域)

下流部と中流部は、太陽と第三者としての住職が共通している。その点では、やや濃淡はあるものの、山間部ではない中下流部であっても庄川流域を通して、太陽が住職相当に擬人化して扱われていることがわかる。

興味深いのは、上流部である。太陽と共通するのは、第三者ではなく、対者としての住職なのである。

上流部においても太陽が擬人的に扱われている。しかし、その扱いは発話の場から離れた存在ではない。人（住職）の場合と照合するとわかるように、対者すなわち、話し相手として太陽が扱われていることになる。下流部・中流部は尊敬語を用いることで、太陽を擬人化して「昇る」動きが表現されている。それは人の場合の第三者相当であり、描写的に状態として事態が表されている。[13]一方、上流部は人の場合の対者相当の尊敬語で太陽の動きを表している。状態ではなく、動作として太陽の動きをとらえ、天体としての太陽にことばをかけていることになる。つまり、五箇山では太陽は有情物なのである。[14]

4　花が咲ケル秋山郷

秋山郷

長野県の北部、新潟県との境に秋山郷と呼ばれる地域がある。行政上は、長野県下水内郡栄村の一部に当たるが、村内の中心部よりも新潟県の津南町とのほうが結びつきが強い。秋山郷は新潟県側にも連続していて、新潟県側は越後秋山郷、長野県側は信州秋山郷と称される。江戸時代に越後の鈴木牧之《すずきぼくし》が著した『北越雪譜《ほくえつせっぷ》』『秋山紀行』が示すように、当時から秘境として知られていた。現在では津南町側から国道が通り、便は改善されている。とはいえ、きつい傾斜の山肌を縫うような狭い道が連続する。紅葉の観光スポットになっており、シーズンになると大型観光バスが入る。バスと対向するのは冷や汗もので、どうか向こうから来ませんように、と祈りながらの運転になる。冬は積雪が四メートル近くになる豪雪地帯であり、雪による孤立化がこれまでもたびたび報じられてきた。この雪のために冬季の道路通行にも支障が生じるが、地元の人たちによると、スピードが出せないから事故はほとんど無いと言う。

比較的近年まで焼き畑がおこなわれ、マタギとしての狩猟による生業が続けられている地域であり[15]、人間と自然とのつながりはおのずと強固である[16]。

特徴的な方言　信州秋山郷のことばの特徴をいくつか挙げてみる。(17)

・単独母音のイとエの区別がない。
　例　エチ（息）、エチ（駅）
・意志・推量の助動詞ズが用いられる。
　例　ショーズ（しよう）、ハリョーズ（晴れるだろう）
・意志・推量の助動詞ベーが用いられる。
　例　ヤロベー（やろう）、サベーベー（寒いだろう）
・タ行を除き、ウ段とオ段が区別されない。
　例　オマ（馬）、ノノ（布）、モコ（婿）
・連体形と終止形が区別される。
　例　立ツ（立つ）、立トドチ（立つ時）

これらのうち、イ・エの区別がないのは長野県北部から新潟県にかけて広く認められる。意志・推量のズは長野県内の他の地域でも用いられる。意志・推量のベーは長野県では秋山郷以外には使用地域がないが、隣接する新潟県では用いられる。したがって、周囲から完全に孤立した特徴に満ちあふれているわけではない。

一方、ウ段とオ段の区別がほとんどないことは際立った特徴であり、その中にあってタ行のツとトが区別されるために、終止形「立ツ」と連体形「立ト」が言い分けられる。この連体形と終止形の区別を有することは、琉球方言を除くと本土方言では、八丈方言（八丈島と青ヶ島で用いられる）と秋山郷にしかない特徴である。

花が咲ケル、水が流レラレル

「春になると、花が咲くことができる」「暖かくなると氷が融けて、水が流れることができる」という表現は、標準語でも可能ではあるが、どこか強引に作った不自然さが残る。「～ことができる」ではなく、可能を表す一般的な可能形や可能動詞[18]にすると「流れられる」「咲かれる」「咲ける」となり、そもそも語形自体が不自然である。それは標準語では、「流れる」や「咲く」のように意図的な動作を表すことができない動詞（無意志動詞）は、可能形や可能動詞を作ることができないからである。そして、無意志動詞は意図的な動作を表さないから、主語に「花」や「水」といった（標準語などの見方における）無情物が来る。

信州秋山郷では、無意志動詞が可能形や可能動詞を持つ。

春になると、花が咲ケル
暖かくなると氷が融けて、水が流レラレル

つまり、信州秋山郷では、五箇山の太陽と同じように、花や水といった自然物が有情物として扱われているわけである。[19]

ことばが映す自然観

五箇山にしても、秋山郷にしても人間の暮らしをとりまく自然環境は厳しい。その中で環境と対峙するのではなく、一体化する自然観により、暮らしを成立させてきた。五箇山の太陽を主体とする対者尊敬語、秋山郷の自然物を主体とする可能表現は、その自然観を反映している。

自然を制圧するのではなく、自然と調和し、環境と共存することに日本文化の特徴が見いだせることは、古くから指摘されてきた。五箇山や秋山郷のことばにその原点が見いだせる。このことを考えると、遠い縄文に思いを寄せないではいられない。

【注】

(1) 真田(一九六四、二二一〜二二三頁)参照。

(2) 国立国語研究所(一九六六、二二四〜二二五頁)参照。

(3) ただし、紀伊半島の南部では有情の場合もアルを用いる。

(4) 宮島(一九五六)参照。

(5) 利賀川も庄川に流れ込むことから、その流域は庄川流域に含まれる。

(6) 五箇山では敬語がしっかりと言語体系に組み込まれているのに対し、「白川郷は筆者(真田)の調査によれば、いわゆる無敬語地帯である」（国立国語研究所一九六六、二三六頁）とあることが示すように、ことばの上での違いもある。

（7）謙譲語は、日常的な口頭語である方言にはあまり現れないので、ここでは措くことにする。

（8）上流部・中流部・下流部と各市町村との対応は、あくまでも目安であり、それぞれの境界が完全に一致するわけではない。

（9）以下では、地図凡例における-サッタをサル類、-ハッタをハル類、-シャッタ・ヒャッタをシャル類、-ヤッタをヤル類、-レタをレル類として扱う。なお、地図は地図表現の原則に従って、北を上に表示している。そのため地図の上が下流、下が上流である。混乱をさけるため、本文の説明では、地図にあわせて下流部・中流部・上流部の順で示す。

（10）池上、他（一九六三、六六頁の図４）参照。

（11）具体的には、親しい友人に向かって「これは（その場には居合わせていない）檀家の住職が書いた手紙だ」と言う場合の表現を聞き出している。

（12）具体的には、檀家の住職に向かって「ゆうべ手紙を書いたか」と言う場合の表現を聞き出している。なお、この場合はマスに相当する丁寧語が現れることがあるが、地図では尊敬語部分に絞り込んで扱っている。

（13）ただし、尊敬語が使われている段階で、標準語より、はるかに動作的かつ有情的である。

（14）実際に五箇山の人びとがそのような意識を持ち合わせているのかどうかは、実は不明である。それは、これだけだと証拠が不十分だということではなく、ここに挙げた事実は証拠とはなるものの、言語はしばしば過去の状況を形式的に保持してしまいがちだからである。わかりやすい事例としては、下駄をしまっていない「下駄箱」や筆の入っていない「筆入れ」などが挙げられる。表現が同時代の現実と直結せず、古い習慣を化石化して抱え続けることがあるわけだ。五箇山における太陽の扱いも過去における意識に基づく表現が現在も引き継がれている可能性はあるだろう。

（15）秋山郷の歴史や地誌、文化一般については、市川（一九六一）が詳しく、『北越雪譜』『秋山紀行』の抜粋も掲載されている。

（16）ただし、だからといって秋山郷が孤立し周囲から隔絶された社会を形成していると考えるのは早計である。マタギであるからには獲物は経済活動のために交易されるし、有名な木鉢の製造（日本木地師学会二〇一〇）も流通を念頭に置いた産業だからである。

（17）馬瀬（一九八二）参照。なお、越後秋山郷も類似していると考えられるが、ことばについては、これまでおもに信州秋山郷を中心に研究が進められてきたため、完全に共通しているという保証はない。

（18）可能形とは動詞に「れる・られる」が付いた形（行かれる・出られる）で、可能動詞とは五段活用の動詞のエ段活用語尾形に「る」が付いた形（行ける）である。

（19）大西（二〇〇二）参照。

【参考文献】

池上廣正・柳川啓一・池田昭・宮家準・宮田登・薗田稔・藤井正雄（一九六三）「諸宗教の全国分布―統計資料による」『人類科学』一五、四一～七八頁

市川健夫（一九六一）『平家の谷―信越の秘境 秋山郷―』（令文社）

大西拓一郎（二〇〇二）「長野県秋山郷方言の無意志動詞の可能形」『消滅に瀕した方言語法の緊急調査研究』一、一二九～一五二頁

国立国語研究所（一九八六）『社会変化と敬語行動の標準』（秀英出版）

真田ふみ（一九九四）『方言百話―越中五箇山―』（桂書房）

日本木地師学会編（二〇一〇）『信州秋山郷 木鉢の民俗』（川辺書林）

馬瀬良雄（一九八二）『秋山郷のことばと暮らし』（第一法規出版）

宮島達夫（一九五六）「文法体系について―方言文法のために―」『国語学』二五、五七～六六頁

第5章　家に「おられる」父親との隔たり

――敬語と家族制度――

1　父親に対する尊敬語の分布

「お父さん」に尊敬語

日曜日だからうちにいると思っていたのに、いつの間にかどこかに行ってしまって、いどころがわからない代表はお父さんかもしれない。車があるから、そんなに遠くには行っていないはずで、たいていは図書館か、近所のホームセンターくらいである。念のため、携帯電話にかけてみると、うちの中で着信音が鳴っている。まあ、そんなものだ。もうすぐお昼だから、そのうち帰るだろう。帰ってきたら尋ねてみよう。「午後はうちに、いるか」と。

このときに何と言うかである。

「うちに、いるか」「うちに、おられるか」「うちに、いらっしゃるか」「うちに、おいでになるか」…

前章（第4章）で述べたことに照らすと、これは対者場面である。父親が話し相手の場合、「おられるか」や「いらっしゃるか」のような尊敬語はほとんどの人が使わないのではないだろうか。もし使うと、どこか他人行儀な感じがするという人もいるだろう。

図5-1（p.100～101）にはこのような父親に対する対者場面で「（自分の父親に対して）今日はう

ちに、いるか」と言うときの「いる」のところをどのように表すかの分布を示している。特に尊敬語の使用を目立たせる形で記号化した(1)。

全体を見わたすと、尊敬語を用いる地域は、西日本に偏っていることがわかる。もちろん、この場面においてという条件のもとでのことである。この地図で尊敬語が現れないからといって、その地域には尊敬語がないということにはならない。むしろ、この場面で尊敬語を使用する地域は限定的である。

「お父さん」には注意が必要

図5−1を見るにあたっては、「父親」と話し手の関係に注意が求められる。この地図のための調査は、一九八〇年前後に実施された。当時の七〇歳代の方から各地のことばを聞き出している。

ここでの「父親」は、そのような人たちとの関係の中での存在であることに留意しなければならない。もちろん、血縁関係の中でとらえる限りにおいては、父と子の間柄であることにかわりはない。したがって、話し手は子ではある。ただし、小児の意味での子供ではない。この地図における各地点の話者たちの社会的位置付けは大人なのである。ちょっとややこしい言い回しになるが、大人の社会に所属する子とその父親の関係の中でとらえることが必要だ。「父親に向かってそんな言い方があるか」といった年少者に対するしつけの問題とはまったく関係がない。

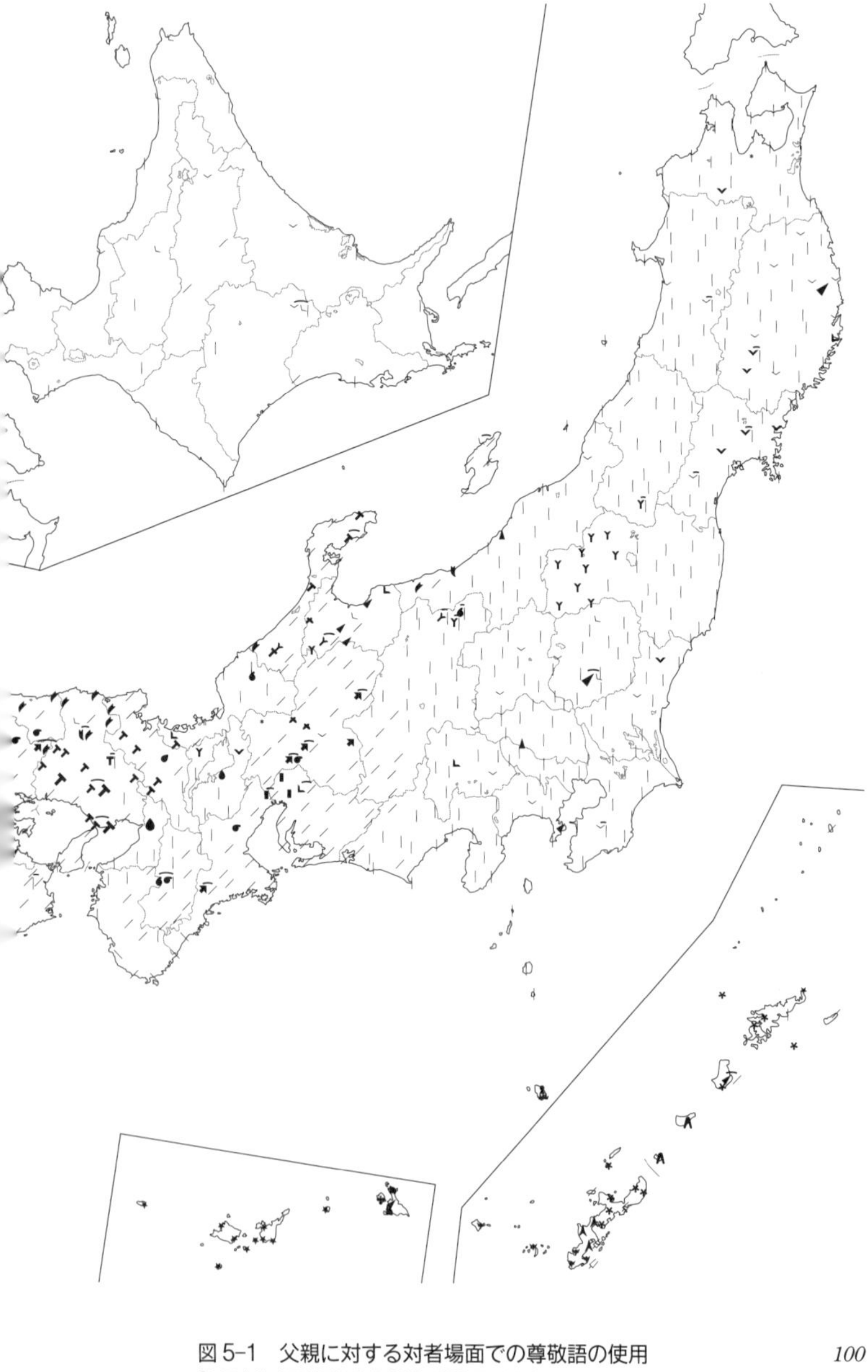

図 5-1　父親に対する対者場面での尊敬語の使用

『方言文法全国地図』6 集 285・286 図に基づく。

敬語動詞

- イラッシャル類
- オイデ・オイデル類
- オジャル・オデル類
- オジャル・オデル類＋丁寧
- ゴザル類
- ワス類
- メンセーン類
- メーン類
- エーン類
- ミャ・ミュ類
- モールン類
- オールン・ワールン類

一般動詞

- （イル　　）レル・ラレル類
- （　　オル　）レル・ラレル類
- （　　オル　）レル・ラレル類＋丁寧
- （イル　　）ナサル類
- （　　オル　）ナサル類
- （　　オル　）ナサル類＋丁寧
- （イル　　）サル・ハル・シャル類
- （　　オル　）サル・ハル・シャル類
- （イル　　）サル・ハル・シャル類＋丁寧
- （イル　　）ナル類
- （　　オル　）ナル類
- （　　オル　）ナル類＋丁寧
- （イル　　）テヤ類
- （　　オル　）テヤ類
- （　　オル　）テヤ類＋丁寧
- （イル　　）ヤル・アル類
- （　　オル　）ヤル・アル類
- （イル　　）ヤンス・ヤス類
- （　　オル　）ヤンス・ヤス類
- （　　オル　）マイ類

非尊敬・丁寧

- （イル　　）マス・デス・デゴザイマス等
- （　　オル　）マス・デス・デゴザイマス等
- （　　オル　）ヤビン類

非尊敬・非丁寧

- （イル　　）
- （　　オル　）
- （　　　　アル）

- その他

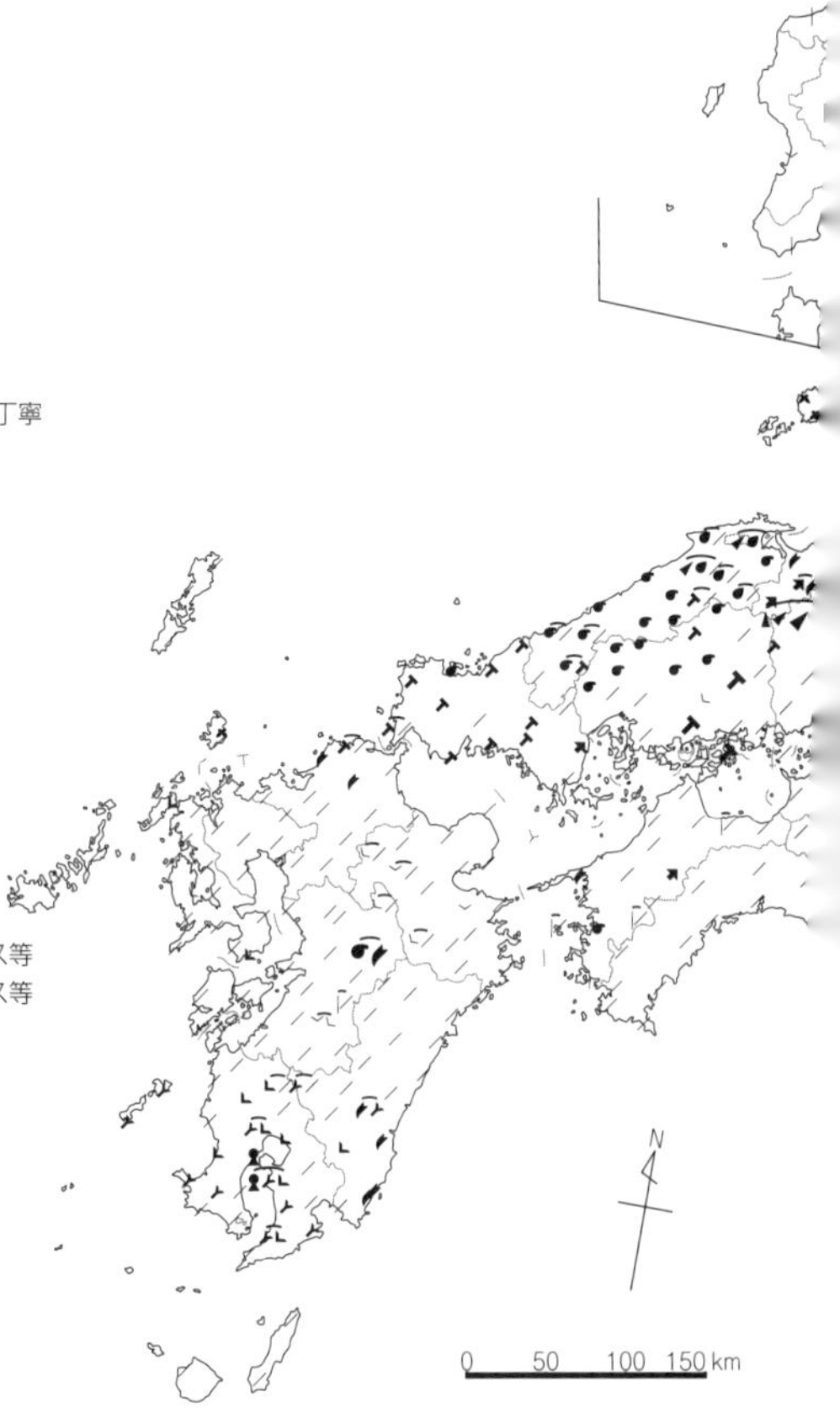

2　尊敬語と集団のウチ・ソト

絶対敬語

特定の地域において、特定の人物が他地域とは異なる形で尊敬語の対象となる場合、考えてみる道のひとつは、絶対敬語で扱われているのではないかということである。前章で扱った富山県の五箇山における集落のひとつでは、特定の家の戸主がそのような尊敬語の対象となっていたことはよく知られている(2)。

特定の人物の動作が、対者であるか第三者であるかなど場面を問わず、常に尊敬語で表されるのであれば、絶対敬語として扱うことになる。そこで、自分の父親の動作を第三者として扱う際、つまり他人に対して自分の父親の動作を表現する場合にどのように表現するかについて分布を見ると、そもそも全国的に尊敬語の現れがまばらであり、図5-1のようなまとまった分布は示さない。したがって、図5-1の尊敬語は、絶対敬語の現れではないことがわかる。

ウチとソト

次に考えるべきことは、ウチとソトの区分により、尊敬語の対象になっているのではないかということである。絶対敬語ではないということは、場面に依存して、相対的に尊敬語が用いられていることになる。対者の場面においては、ウチかソトかは大きな決め手になる。ソトに比べるとウチの扱いの人物に対しては、尊敬語は用いにくい。尊敬語の使用はよそよそしさを醸しだす。現代における都市生活者の核家族内で尊敬語がほとんど用いられない理由が理解されるだろう。尊敬語が用いられるのはもっぱらソトに位置する上位の人物に対してである。

それでは、ウチとソトは何によって線引きされるのであろうか。ウチとは、話し手自らの所属する集団＝共同体の中のことである。どの共同体をもって自らの所属とするかは一定ではなく、ときには話す場面で変わってくる。ソトである社外において「ウチの社長がおっしゃいました」が誤りになるが、社内で「ウチの課の業績については社長のおっしゃいますとおり」と言えるのは、このためである。このようにそのときごとに変わるウチ・ソトに依存する運用が、敬語を面倒にしている。

父親との会話（対者が父親の会話）は、それほど複雑な場面ではないが、そこで用いられる尊敬語は、共同体意識によるウチ・ソトをもとに使われている。その共同体のあり方に地域的異なりがあり、父親への尊敬語の現れ方を左右している。それでは、父親の扱いに差異を生じさせ、かつ地域により異なる共同体＝集団とはどのようなものなのだろうか。

年齢階梯制社会と同族集団制社会

集団（共同体）の構成のあり方という観点をもとにすると、日本の社会は、年齢階梯制社会と同族集団制社会に大きく分けられることが、民俗学や文化人類学で古くから指摘されている(3)。年齢階梯制社会では、同等の年齢層の人びとが集団を構成する。かつて、各地にあった若者組は年齢階梯制をもとに組織化された集団の典型で、その後の青年団や消防団組織にその名残が見いだせる。一方、同族集団制はその名のとおり、親族血縁の中で集団を構成する。各地でマキやマケと呼ばれるつながりが該当する。年齢階梯制社会は西日本に、同族集団制社会は東日本に片寄るが、地理的にも制度的にも明確な線引きは難しく、両者の性質を兼ね備えている地域もある。

年齢階梯制社会における家族

年齢階梯制社会においては、子供が一定の年齢（一〇代半ば）に達すると、同等年代の集団（若者組など）に所属するようになる。[4] 一方で、親のほうも年齢が高くなると、隠居屋と呼ばれるような別棟に居を移すことが知られる。親子であっても、世代ごとに所属する集団が異なることになる。これにより、世代ごとに同居する家族が分かれるので、おのずと家族のサイズが小さい小家族制をとることになる。[5]

3　家族制度と父親に対する尊敬語

小家族制の中の親と子

国勢調査は五年間隔で行われる人口に関する悉皆調査[6]である。このデータ[7]をもとに市区町村ごとの平均世帯構成人数（世帯人数）と父親に対する尊敬語の分布を重ねたのが、図5‒2である。九州の南部と中国地方の西部において、家族人数が少ないとこ

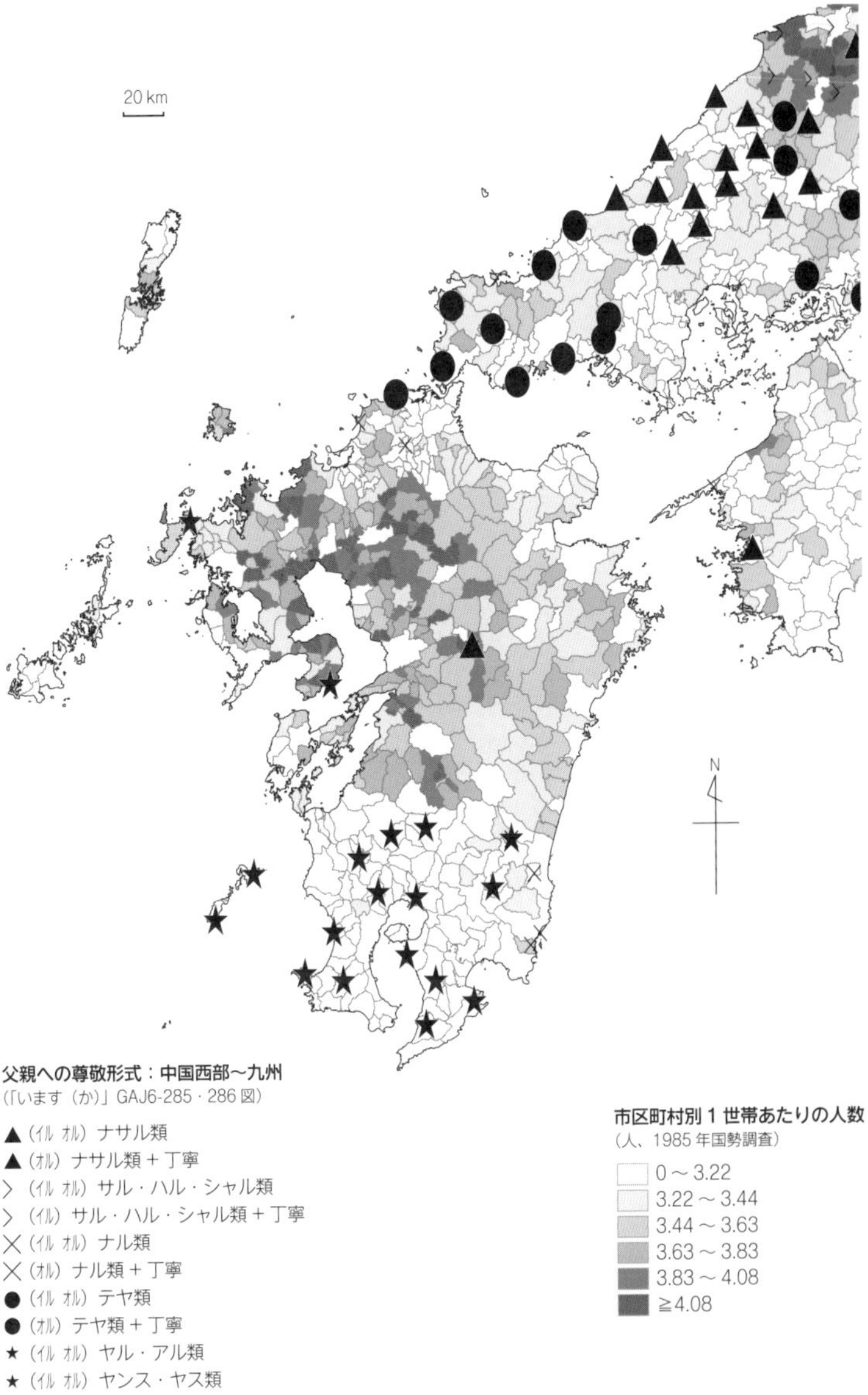

図 5-2　父親に対する尊敬語の使用と世帯人数

ろ（塗りつぶしの薄いところ）で、父親に対する尊敬語が用いられていることがわかる。[8]

年齢階梯制社会はおもに西日本であり、年齢階梯制社会は小家族制をとることを先に述べた。家族のサイズは、国勢調査の世帯人数に反映されると考えられる。[9] したがって、年齢階梯制社会が小家族制として、統計上も顕著な地域において、父親への尊敬語が用いられていることになる。

それでは、なぜ年齢階梯制社会においては、父親に対する尊敬語が用いられるのか。

年齢階梯制社会では、年齢の近似した人たちが集団を構成する。そして、一定年齢になると自ら親元から独立するとともに、地域によっては親の世代も年齢が高くなると隠居屋へと離れていく。このことで家族であっても、年齢別集団に分かれていくことになる。所属する集団（共同体、社会）が異なれば、ソトの扱いになる。年齢階梯制社会では、親であってもソトの人なのである。そして、当然のことながら、このような年齢による集団どうしにあっては、年齢関係が上下に対応する。それゆえ、ソトにあって年齢が上に位置する父親は、尊敬語の対象になるわけである。

お父さんと近所のおじさん

ここで見ておきたいのは、図5-3の「近所の知り合いに対してやや丁寧に」「家にいるか」と尋ねるときの表現の分布である。[10] 図5-1よりも広い地域で尊敬語の使用が確認できるが、興味深いのは両図における尊敬語形式の分布がよく似ていることである。図5-3の「近所の知り合い」が対者（話し相手）の尊敬語の分布は、図5-1の父親が対者の尊敬語の分布をカバーしている。つまり、父親に対して尊敬語が用いられる場合、それは近所の知り合いに対することばづかいに平行するということになる。年齢階梯制社会では、父

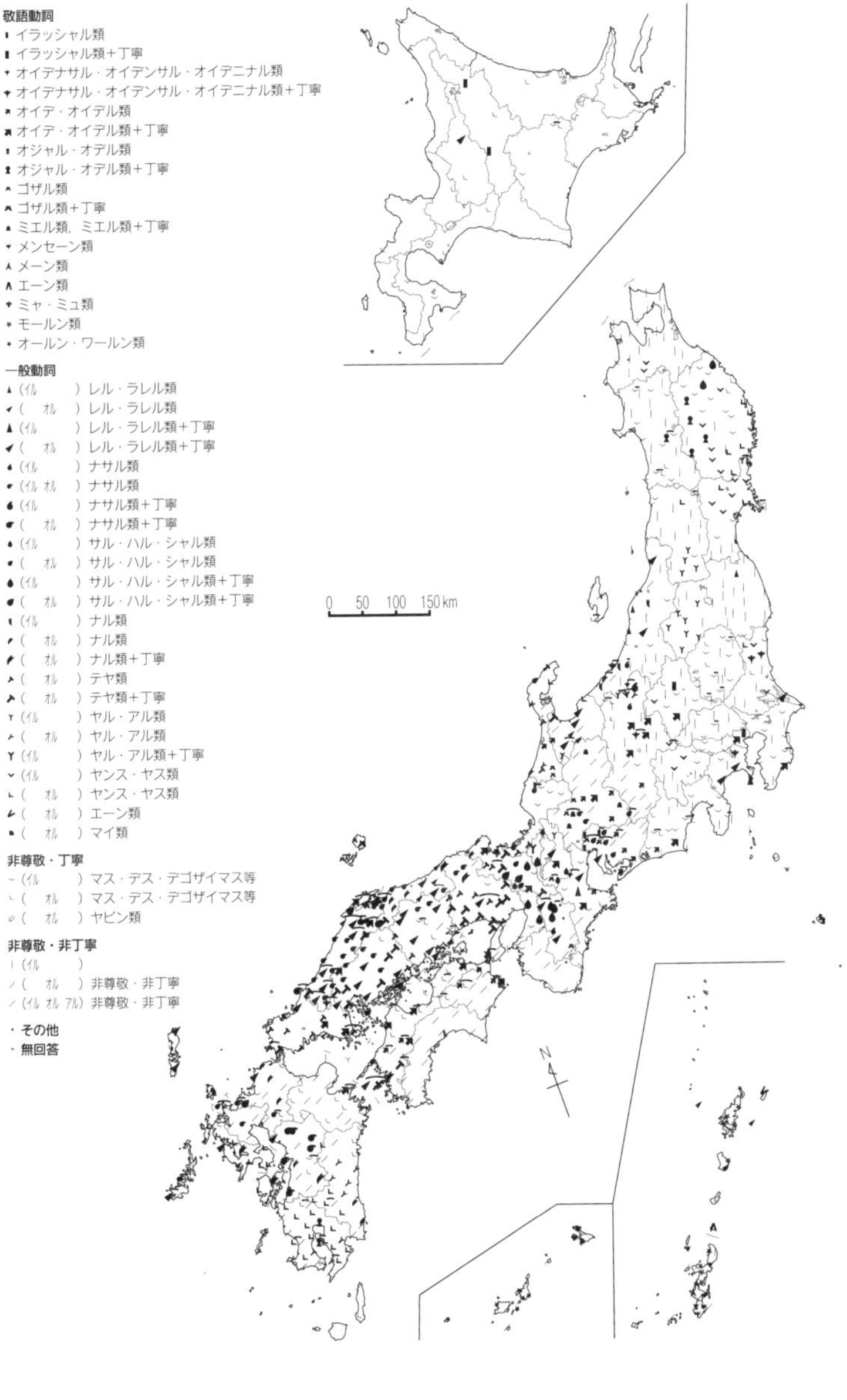

図 5-3　近所の知り合いに対する尊敬語の使用

『方言文法全国地図』6 集 281・282 図に基づく。

親も近所のおじさんも、敬語の上では、扱いがそれほど変わらないのである。

なお、慎重を期して、再度注意を喚起しておく。ここでの話し手と話し相手の父親との関係は、地域社会を支える大人(成人)とその父親とのものであって、小児と親とのそれではない。ここを踏まえておかないと、年齢階梯制社会の尊敬語の運用は理解できないどころか、不用意な誤解を招きかねない。

4　男女差と距離

身内尊敬語には男女差があるのか

ここに扱ったのは、父親という身内を話し相手として、その動作を尊敬語で表現すること、つまり、対者敬語に関してのことであった。同様に身内の動作を表現するにあたって、第三者の扱いの場合でも、西日本では尊敬語が用いられることがあることが指摘されてきた。具体的には次のような例である。

京都市の例(11)

「もう、九十にもなられますのでねえ、…(中略)…元気にしていられましたんですけどね、

ちょっと風邪ひかれましたらね、」（自分の義父のことをその弔問者に）

関西方言[12]

「お父はん、じき帰らはるさかい、どうぞお待ちになって」（自分の夫のことを夫の友人に）

気付くのは、いずれも女性の使用であるという点である。[13] 実は、図5-1〜5-3のもとになる調査では、原則として男性のみを対象にしていた。男性を対象としたこの資料（『方言文法全国地図』）においては、父親が第三者として扱われる場合は、尊敬語がほとんど現れないことは本章の2節で述べた。この点に着目するとあたかも性差のように見える。すなわち、女性の方が、身内が第三者の場合であっても尊敬語を使う、といったように。

しかし、この違いを生み出す根本は性差ではないだろう。肝心なのは「距離」である。

尊敬語と距離

尊敬語の基本は、ソトを対象にすることにあることは、すでに述べた（2節）。このことからすると、話し手と対象との間に「距離」がある（あるいは「距離」を持たせる）ことが、尊敬語の重要な機能であることがわかるだろう。直接的な表現を避けた尊敬語によって距離を持たせるわけだ。尊敬語の起源もそのような対象への畏れやタブーにあると考えられている。[14] 右に挙げた女性の身内に対する尊敬語の使用例もよく見ると、尊敬語で表されている動作の主体は、嫁ぎ先の親族や夫である。すなわち、もともとウチの関係にはない（あるいは、なかった）人たちのことなのである。それゆえにソトの関係が尊敬語として顕在化したものと考えることができる。つまり、この場合の身内に対する尊敬語使用の決め手は、西日本だからとか女性だからといったことにあるのではない。（もともと敬語が存在する地域であることが前提ではあるにせよ）話し手と話し手がことばに表す動作主体との距離が、父親に対して表現するにあたっても、義父や夫のことを表現するにあたっても、尊敬語の現れ方を左右している。むろん、ここまでの説明から理解されるように、距離があるほうが、尊敬語を現れやすくことはいうまでもない。

「敬語」「尊敬語」という名称は、それが使われる側は、敬われたり、尊敬されたりと気分をよくする。しかし、（ほとんどの場合）使う側は（多分）敬ったり、尊敬したりなどしていない。それらで表されている人たちは、距離が置かれている、つまり隔てられているのである。勘違いしないよう、自戒としたい。

【注】

（1）凡例で敬語動詞としているのは、「いる」に当たるところが「いらっしゃる」「ござる」のような尊敬語専用の動詞で表されているものである。「いる」に該当する動詞を尊敬の助動詞（れる・られる等）と組み合わせて用いられている場合は一般動詞として扱い、それがイルなのかオルなのかといった違いも把握できるようにしている。

（2）真田（一九七三）、真田（一九九〇）参照。

（3）泉、他（一九六三、一一九〜一二三頁の第1〜4図・一二七頁の第5図・一二五頁の第11図）、大林（一九九六）、宮本（一九八四、四四頁・五三頁）参照。

（4）きょうだい（兄弟姉妹）が多いと、一番下の子供が親と同居するようになり、その結果、その子供が家を継ぐ末子相続が行われる。これが制度化されていた地域も西日本に片寄るようである。

（5）これに対し、同族集団制社会は大家族制になる。前章で扱った庄川上流部の五箇山や隣接する白川郷はその典型で、合掌造りの大規模な家屋の造りにそれが反映されている。

（6）母集団から一部を抽出して全体を推計するサンプリング調査に対し、すべてを対象に行う調査をいう。

（7）ここでは方言に関する調査が行われたのとほぼ同じ時期にあたる一九八五年実施の国勢調査のデータを用いている。

（8）ただし、近畿に近い地域ではこの関係が見いだせず、別の観点が求められる。

（9）国勢調査においては、生計を一にする集団を世帯とする。なお、清水（一九九六）も参照。

（10）地図の表し方は図5-1と同じである。

（11）加藤（一九七三、四〇〜四二頁）参照。例文は、日本放送協会編『全国方言資料』四巻二六一頁に基づく。ここでは、原典のカタカナ表記を仮名漢字文に変更し、注目箇所に傍線を付した。

（12）飯豊（一九八七、一七五〜一七七頁・一七九〜一八二頁）参照。例文は一七六頁から引用し、カタカナ表記を仮名漢字文に変更し、注目箇所に傍線を付した。

(13) 中部地方を対象とする彦坂（一九八八）もやはり女性の話し手を想定している。
(14) 金田一（一九五九、二五〜二七頁・四九〜九一頁）参照。

【参考文献】

飯豊毅一（一九八七）「対外身内待遇表現の調査」『学苑』五六五、一七一〜一八三頁

泉靖一・大給近達・杉山晃一・友枝啓泰・長島信弘（一九六三）「日本文化の地域類型」『人類科学』一五、一〇五〜一三二頁

大林太良（一九九六）「社会組織の地域類型」ヨーゼフ・クライナー編『地域性からみた日本―多元的理解のために―』（新曜社）一三〜三七頁

加藤正信（一九七三）「全国方言の敬語概観」林四郎・南不二男編『敬語講座六　現代の敬語』（明治書院）二五〜八三頁

金田一京助（一九五九）『日本の敬語』（角川書店）

真田信治（一九七三）「越中五ヶ山郷における待遇表現の実態―場面設定による全員調査から」『国語学』九二、四八〜六四頁

真田信治（一九九〇）『地域言語の社会言語学的研究』（和泉書院）

清水浩昭（一九九六）「家族構造の地域性」ヨーゼフ・クライナー編『地域性からみた日本―多元的理解のために―』（新曜社）六五〜九一頁

宮本常一（一九八四）『忘れられた日本人』（岩波文庫、原著は未来社から一九六〇年刊）

第6章　九州と東北のタケカッタ（高かった）

——人口とことば——

1 終わりなき修正

訛りではない

東北地方のかなり広い地域で形容詞「高い」の過去形「高かった」をタケカッタ、否定形「高くない」をタケクネーのように言う。これは「高い」に限ったことではない。「甘い」「辛い」もアメカッタ・アメクネー、カレカッタ・カレクネーである。いずれも終止形のタケー（高い）、アメー（甘い）、カレー（辛い）が、別の活用形（過去形や否定形）に入り込んだような形である。

タケカッタ（高かった）、タケクネー（高くない）

東北地方では、広く全般にわたって、母音連続のアイが、エーに変化する。このような発音の変化を「訛り」というとすると、タケカッタやタケクネーはそれには当たらない。もし、訛りであるなら、タケカッタは「たかいかった」、タケクネーは「たかいくない」に対応することになるが、もとの形は「たかかった」「たかくない」であって、「たかいかった」「たかいくない」はもともと存在するものではないからだ。

方言というと、民俗色の濃い懐かしい文化事象というイメージが先行しがちである。しかし、そもそも方言はことば（言語）であるというあたりまえの事実を認識しておかないと現実のあり方や変化のしかたをとらえることができない。

システムとしてのことば

ことばは、システムとしての性格を強く持つ。システムというとコンピューターや機械の動きを制御するようなものを想起させるが、実際それに近い性質を持っている。ことばの研究が、現在では人文学の言語学にとどまらず、工学系の情報科学でも広く行われていることは、それを如実に示す。

ことばがシステムとしての性格を持つのは、第一義的に意思疎通のための道具であることによる。自分の気持ちを伝えたり、相手の動作を正確にうながしたりするためにはことばが欠かせない。身振り、手振り、表情、目線などことば以外の伝達手段はいろいろあるが、ことばほど論理的にそれを達成できるものは、ほかにない。これはシステムゆえの圧倒的に有利な点だ。

合理化のための内的変化

システムというものは合理的かつ経済的なほうがよい。パソコンのシステムが数年に一度バージョンアップするのは、メーカーの戦略であることは確かだが、疑心暗鬼になりすぎるのも考えものである。利潤追求のみによるわけではないのである。システムにはどうしても不合理な部分が残ってしまう。それを修正していくことが欠かせない。財布への負担は小さくないが、システムのかたまりとしてのパソコンと付き合っていくためにはしかたがないことなのだ。

ことばもシステムであるから、合理的な方向を目指す。ただし、パソコンのシステムと違って、メーカーが修正してくれるようなことはもちろんない。ということは、ことばがそれ自身で自浄的、自己再生的に改善せざるをえない。むろんことばそのものに意志はないから、実際にはことばを使う人間が修正していくわけであるが、特定の誰かが指導して行うわけではない。気付けば、修正が終わっていたというような性質のものである。第2章や第3章で述べた「内的変化」がこれに当たる。

合理化と破綻

ことばの変化をもたらす合理化には一定の方向性がある。発音の負担を軽減するために、連続する母音が融合するのも、そのひとつである。典型的なのは右にも挙げたアイの母音連続であり、さまざまな言語でエ（ー）に変化することが知られている。冒頭の「高い」がタケーと発音される東北方言の事例も例外ではない。この「訛り」は、世界中にある普遍的な変化なのである。

ところが、合理化は、それが同時に不合理を招くという矛盾した事態を引き起こすことがある。システムとは全体で成り立つものであり、一箇所に手を加えるとそれがシステム内の別の箇所に影響を及ぼすことがあるのだ。

発音の経済性を高め、合理化をはかるため、母音連続のアイがエ（ー）に変化した。このことで、「高い」はタケ（ー）になる。ここまではよかったのであるが、このことで形容詞の活用が次のようになった。

終止形	否定形	過去形
タケー	タカクネー	タカカッタ

もとの活用は次である。

終止形	否定形	過去形
タカイ	タカクナイ	タカカッタ

もとの活用では、語に固有の不変化部分である語幹がタカという形で安定していた[(1)]。ところが、変化後は、語幹に当たる部分が、タカだったりタケだったりで不安定になった。

合理化が破綻を招く。よかれと思ってやったことが、思わぬところに悪影響を及ぼしてしまう。どこかで聞いたことがあるような話だったり、身近なところでのいやな記憶がよみがえるという方もいらっしゃるかもしれない。ことばの世界にもそんなことが起こってしまうのだ。

破綻を繕う

しかし、そのくらいのことでへこたれる東北方言ではなかった。破綻したのであれば、繕うことで合理的なシステムに再生すればよい。そこで思い切った措置がとられた。

「高い」→タケーという発音変化後の形、つまり「訛った」形のタケ（ー）を語幹にしたのである。

終止形	否定形	過去形
タケー	タケクネー	タケカッタ

これで前代の「タカイ　タカクナイ　タカカッタ」同様に安定した活用を取り戻すことができた。整えて合理化したということから、この変化を「整合化」と呼ぶことにしよう。システムの合理性追究のためには一直線に突き進む。その潔さは脱帽もので、感心させられる。

2　ことばの変化と地域の構成

整合化の分布　タケクネーやタケカッタのような形容詞の整合化形式は、図6-1のように分布している。地図では、元データである『方言文法全国地図』に現れる頻度も活かして表示している。

ここまで、東北方言で起きた形容詞活用の整合化をもとに話を進めてきたが、実は図6-1が示すように整合化は九州でも起きている。連母音アイのエーへの変化は普遍的であるから、この変化

	計	タケクナイ・タケカッタなど	タコケレ・タコカッタなど
●	7～6	7～6	0
◎	5	5	0
◒	4	4	0
▲	4	0	4
◉	3	3	0
▲	3	0	3
○	2	2	0
0	2	1	1
△	2	0	2
•	1	1	0
▴	1	0	1

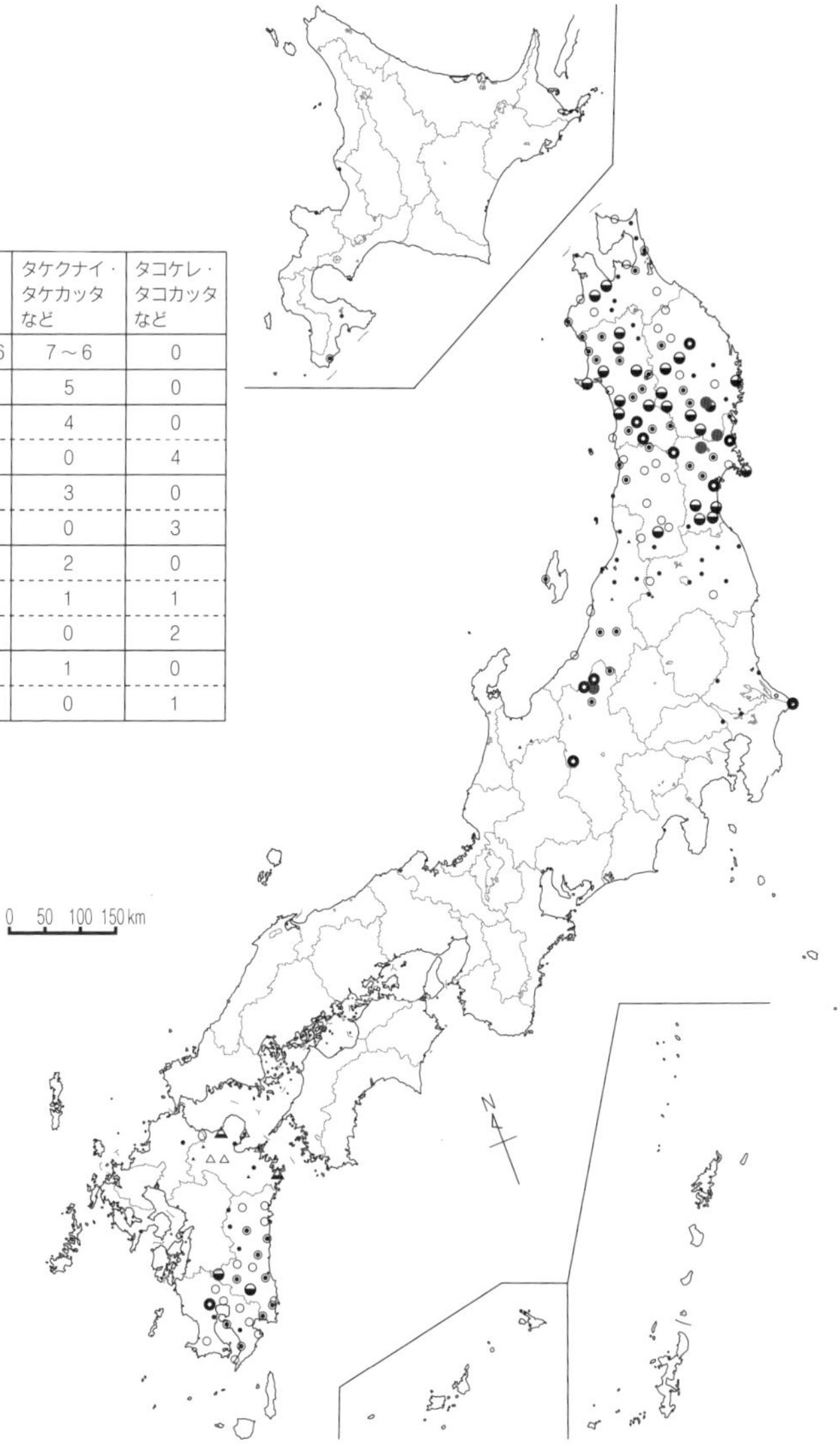

図 6-1　形容詞活用の整合化
『方言文法全国地図』(GAJ) 3集 136・137・138・139・141・142・143・144図をもとにいくつの活用形（項目）に整合化が現れたかを示している。

が発生したところであればどこで起きても不思議ではない[2]。ただし、九州の場合は、第1章でも扱ったタコーナルのようなウ音便を持ち[3]、そのウ音便形（タコーなど）がタコケレやタコカッタのような（東北とは異なった）整合化形式も生み出している。この変化においても、新たに発生した形を語幹に取り込んだという点で、背景にあるメカニズムは同じである。地図からわかるように、九州ではこのウ音便型の整合化と東北方言と同等の型の整合化の両方が存在する[4]。東北方言にも目を見はらされたが、九州はさらに徹底しており、システムの合理化に向けた底力を感じる。

東北と九州で同じように形容詞の整合化という変化が起きているわけであるが、それぞれの地域のどのような場所で変化が進行しているのかを見てみると、興味深い違いが確認される。

同じ変化を起こす社会の違い

図6-1を見ると整合化の頻度に差があることがわかる。整合化形式が、『方言文法全国地図』（GAJ）に現れる頻度（出現項目数）の高いところほど、整合化が進行している、すなわち、早い時期に整合化を起こしたと考えられる。

図6-2では、九州においてそれがどのような場所なのかを見るため、市区町村の人口密度と重ね合わせた[5]。この図からわかるのは、鹿児島市や宮崎市、大分市といった県庁所在地ではなく、その近隣の人口密度が中規模の地域で整合化が進行しているということである。

新しい形は、都会で発生し周辺に広がるというふうに思われがちであるが、実は必ずしもそうではないことがわかる。むしろ、都市の近郊部の中規模の町で発生し、そこで地固めするように変化

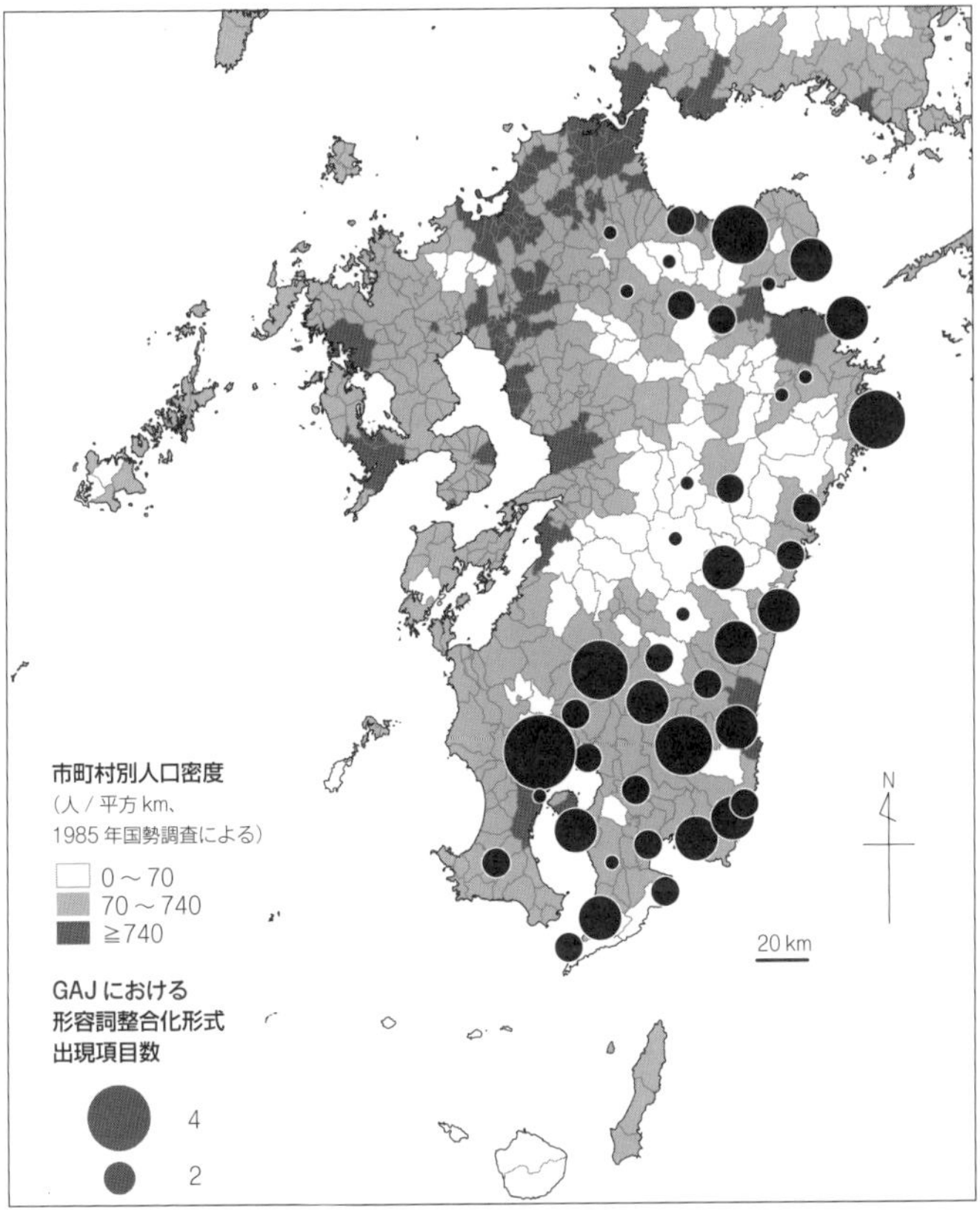

図 6-2　形容詞活用の整合化と人口密度（九州）

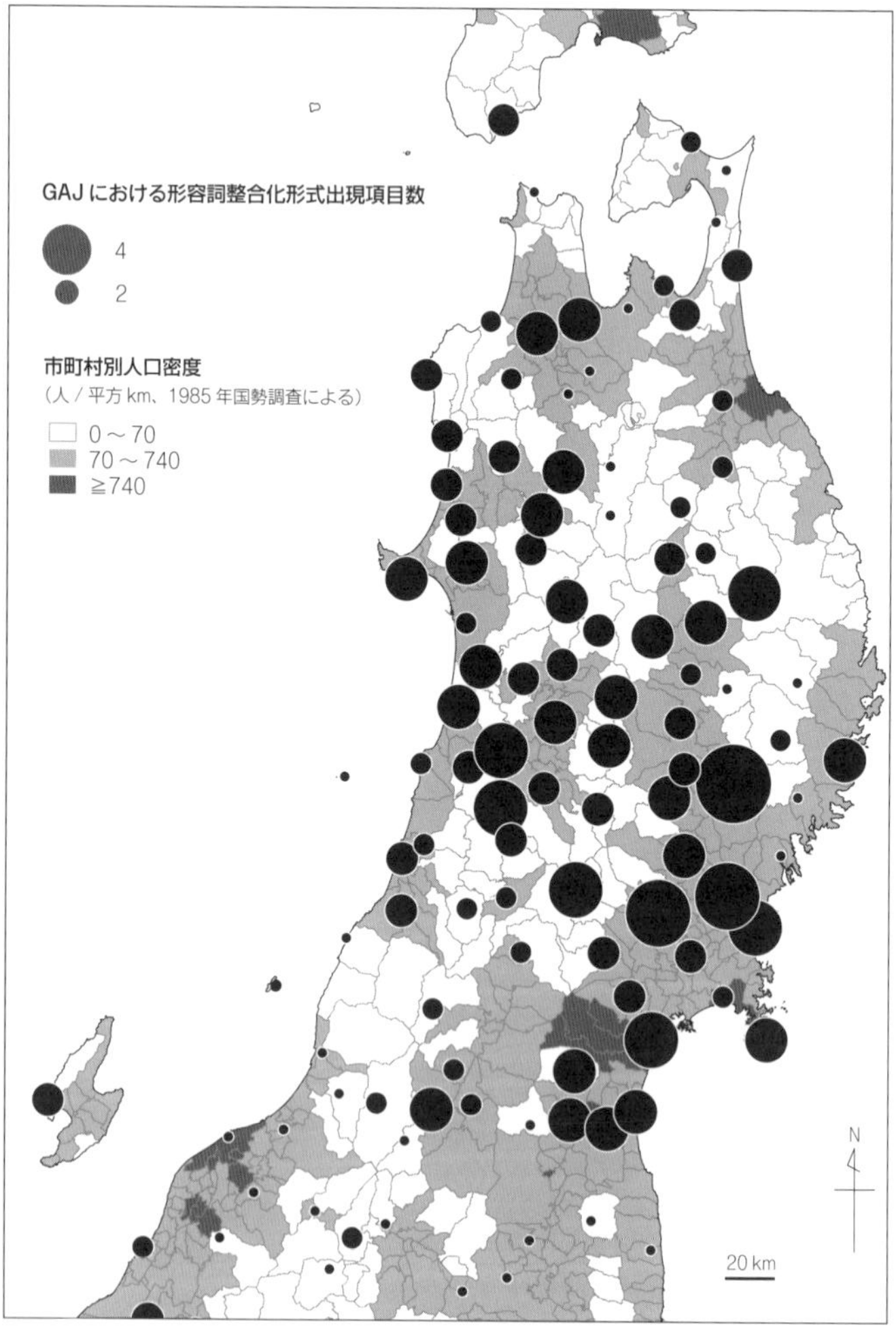

図 6-3　形容詞活用の整合化と人口密度（東北）

が進行すると考えるほうが現実に適合している。

いま、九州において整合化と人口密度に相関があることを地図上で確認した。ところが、同様なことが、同じ言語変化が起こっている東北地方にも当てはまるかというと、図6-3が示すように、合うところもあれば外れるところも多く、全体としてはうまく説明がつかない。つまり、九州で認められた、整合化という言語変化の進行と人口密度の相関は東北では成立しないのである。

図6-4（p.124）には、東北を対象に、整合化の進行と生産年齢人口比を重ね合わせて示した。「生産年齢人口比」というのはあまりなじみがないかもしれない。一五歳から六四歳の人が当該地域で占める人口の比率を指す。一般に、この年齢層の人たちは就業し、社会を支えていると考えられる。したがって、この年齢層の比率が高い地域は社会に勢いがある。地域社会の活性度をはかるひとつの指標である。

図6-4が示すのは、東北地方では、整合化は生産年齢人口比の高いところで進行していることである。つまり、社会を支える人の割合が高いところで、ことばの変化が進行している。このことは、地域社会そのものにしても、整合化に代表されることばの変化というシステムの合理化にしても一五歳から六四歳という生産年齢の人びとによって支えられているということを示している。東北地方で整合化の進行と人口密度とは相関しないことを述べたが、人口密度がいくら高くても、その中が高齢者や年少者ばかりであれば、社会が活性化しないことは容易に想像できるだろう。

確かに人口密度は都市性をはかるための重要な指標であるが、ことばの変化とその進行は都市性

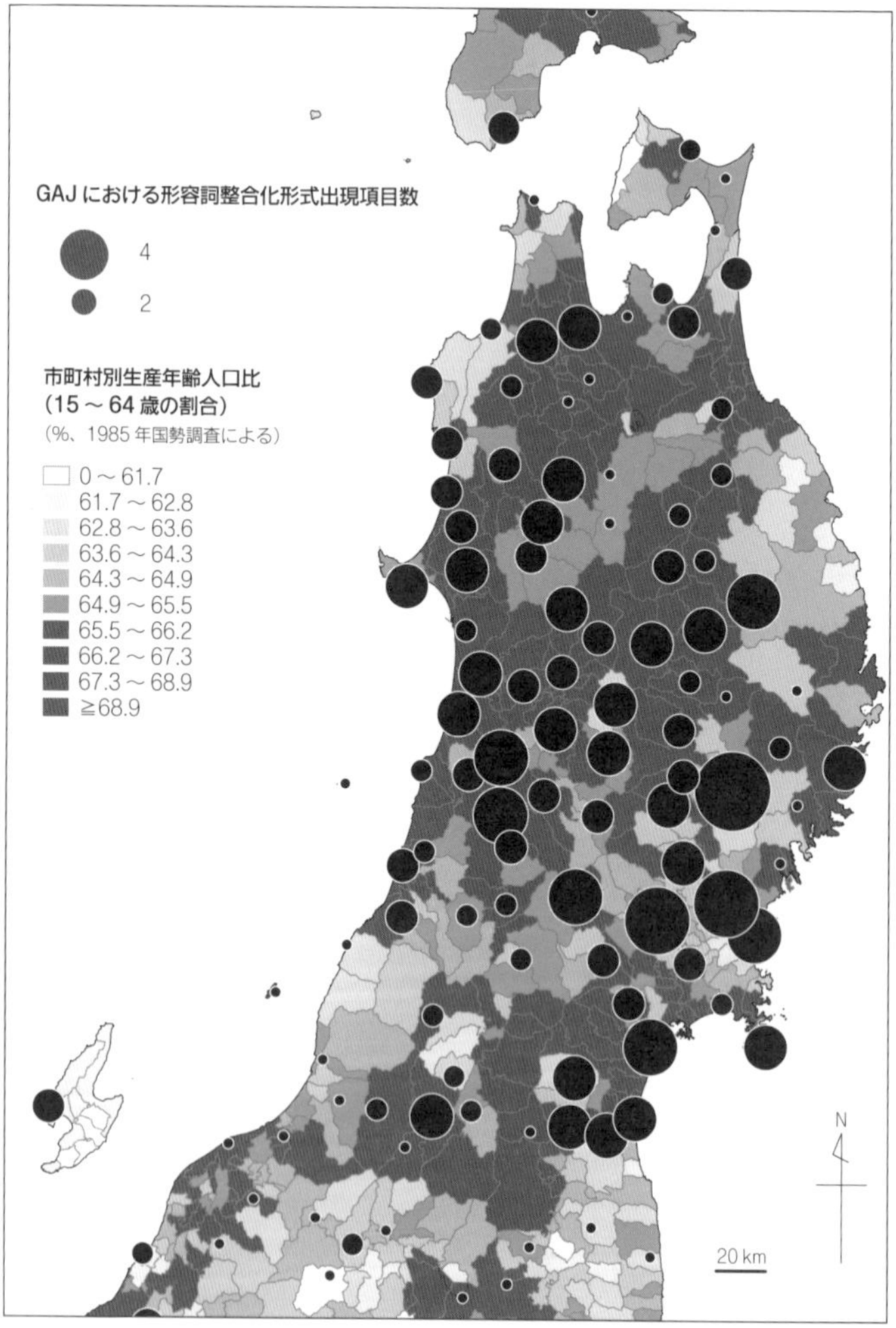

図 6-4　形容詞活用の整合化と生産年齢人口比

だけが決め手になるわけではない。発生した変化を支えることのできる人が、地域社会の中でどの程度の割合を占めているかに注目する必要があることを東北の分布は示している。その割合が高いと、ことばの変化というシステムの合理化は広く進めることができるが、低いとせっかく編み出された改善策にもかかわらず浸透をはかることができない。(6) 方言が生き続けていくには、それを使う人間社会にも活力が要るわけである。

構造的差異

このように、地域のどのような特性がことばの変化を後押ししているのかは、データの性格を考慮しながら取り扱う必要のあることがわかる。ただし、話はそれだけにとどまらないようなのだ。地図をつらつら眺めていると、そもそも人口のあり方に構造的な地域差があるらしいことに気付く。図6-5（p.126）は、日本全体を対象に人口密度と生産年齢人口比を描き出している。西日本は人口密度の高さが生産年齢人口比をカバーしている。そのため、生産年齢人口比の高さが目立たない。一方、東日本は相互がかみ合わない。つまり、人口密度の低いところでも生産年齢人口比の高いところが広くあり、生産年齢人口比の高い地域が地図上で表面化している。

ことばの変化の背景を探るにあたって、人口データの質的な面への注意が必要なのは当然として、このような大きな構造的違いがあることも頭の片隅に置いておきたい。

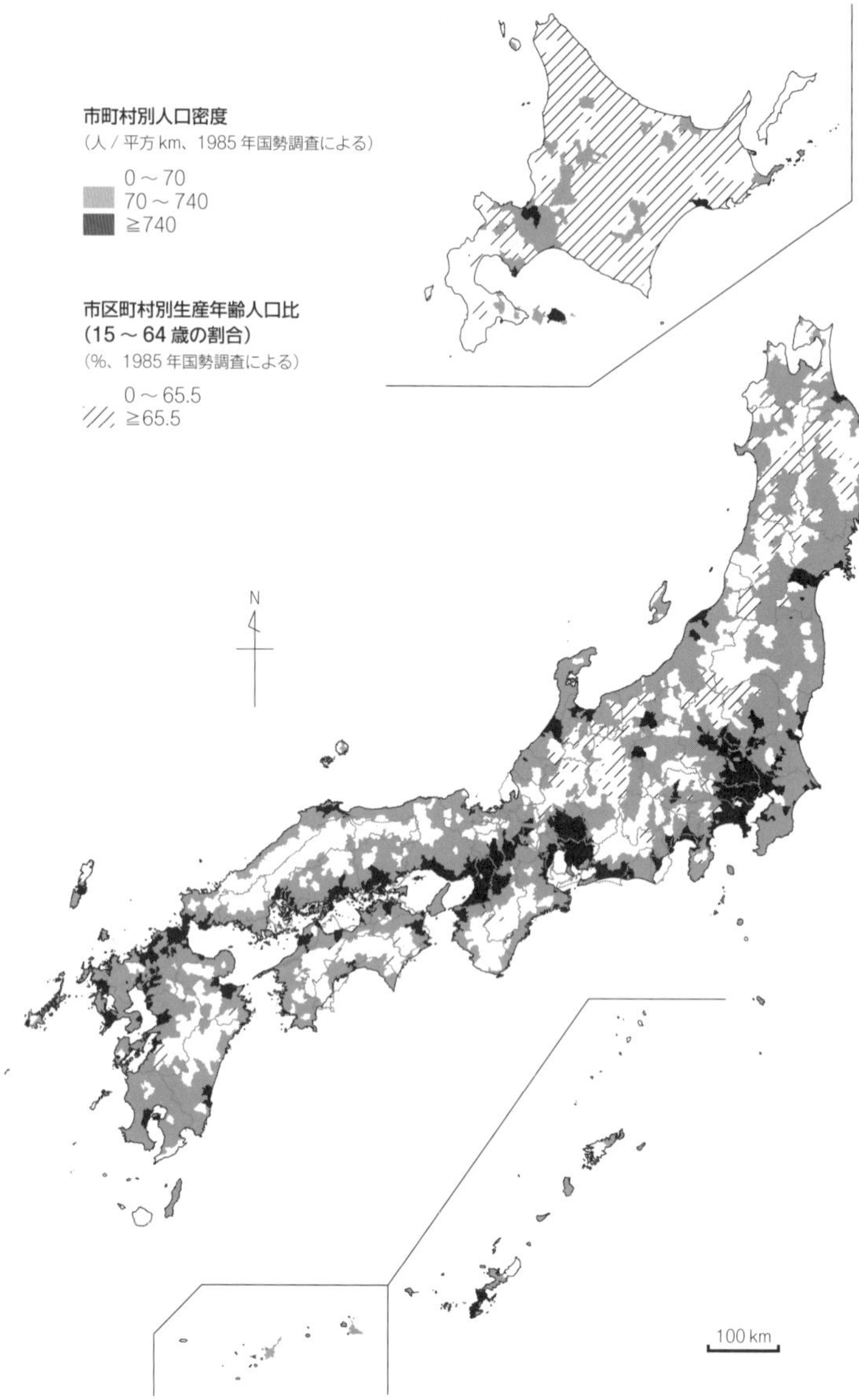

図 6-5　人口密度と生産年齢人口比

【注】

（1）このことにより表層的にもその語らしさが支えられていたともいえるはずだ。

（2）東北と九州（特に北東北と南九州）には長音が短くなるという共通の特徴がある。そのために連母音のアイが融合したエーは長音ではなく短音のエとなり、「高い」もタケーではなくタケと発音される。これにともない整合化も「タケ　タケクネ　タケカッタ」となり、より安定性を増すことになる。これが、東北と九州の両方で整合化を進めることになった大きな要因である。

（3）まず、連用形タカク（高く）の語尾クの子音が脱落し、タカウになる。次に末尾の母音連続アウが融合してオーとなり、（タコーナルの）タコーという形が生まれる。

（4）地図が示すように、タコケレ・タコカッタ型の整合化形式は大分に現れ、東北と同等の形は宮崎・鹿児島に現れる。九州の西側でタケカッタのような整合化が発生しないのは、終止・連体形がタカカ（高い）、アマカ（甘い）のようなカ語尾と呼ばれる形をとり、そもそもタカイ、アマイにあたる形を持たないからである。

（5）ここで扱う人口データについては第5章3節を参照。

（6）大西（二〇〇八）の記すように人口密度と生産年齢人口比の両方をあわせて考慮する必要がある場合もある。

【参考文献】

大西拓一郎（二〇〇八）「方言文法と分布」『日本語文法』八－一、八五～一〇〇頁

第7章 「おら、行くだ」と「おめえ、行くずら」

―「いなか」のことば―

1 「行くだ」「言うだ」のような言い方

どこで言うだ

「どこから来ただ」「畑に行くだ」「誰が言うだ」という言い回しは、典型的ないなかのことばというイメージを与え続けてきた。そのようなイメージを与える言い回しは、「来ただ」「行くだ」「言うだ」の「動詞＋だ」の部分である。これは「都会の建物は高いだ」「空気が汚ねえだ」のような「形容詞＋だ」にも適用されるので、広く「用言＋だ」が「いなかことば」としてイメージされてきたと言ってもよいだろう。

ところで、典型的ないなかというのは何だろうか。多くの人が共通して想定する架空のいなかといったようなところなのか。そうだとするとバーチャルなものということになる。筆者は現実に即した研究として、方言学や言語地理学を実践しているので、空想の世界まで扱うつもりはない(1)。

「行くだ」のように、用言（この例では動詞）に断定の助動詞「だ」が直接続くような表現はどこで用いられるのかを探ってみよう。そうすると図7-1のように、長野・山梨・静岡・愛知を中心とした中部地方がおもな地域であることがわかる。

東北を想像していた人もいるだろう。たしかに福島でも使われるが、もっと北に思いが行ってい

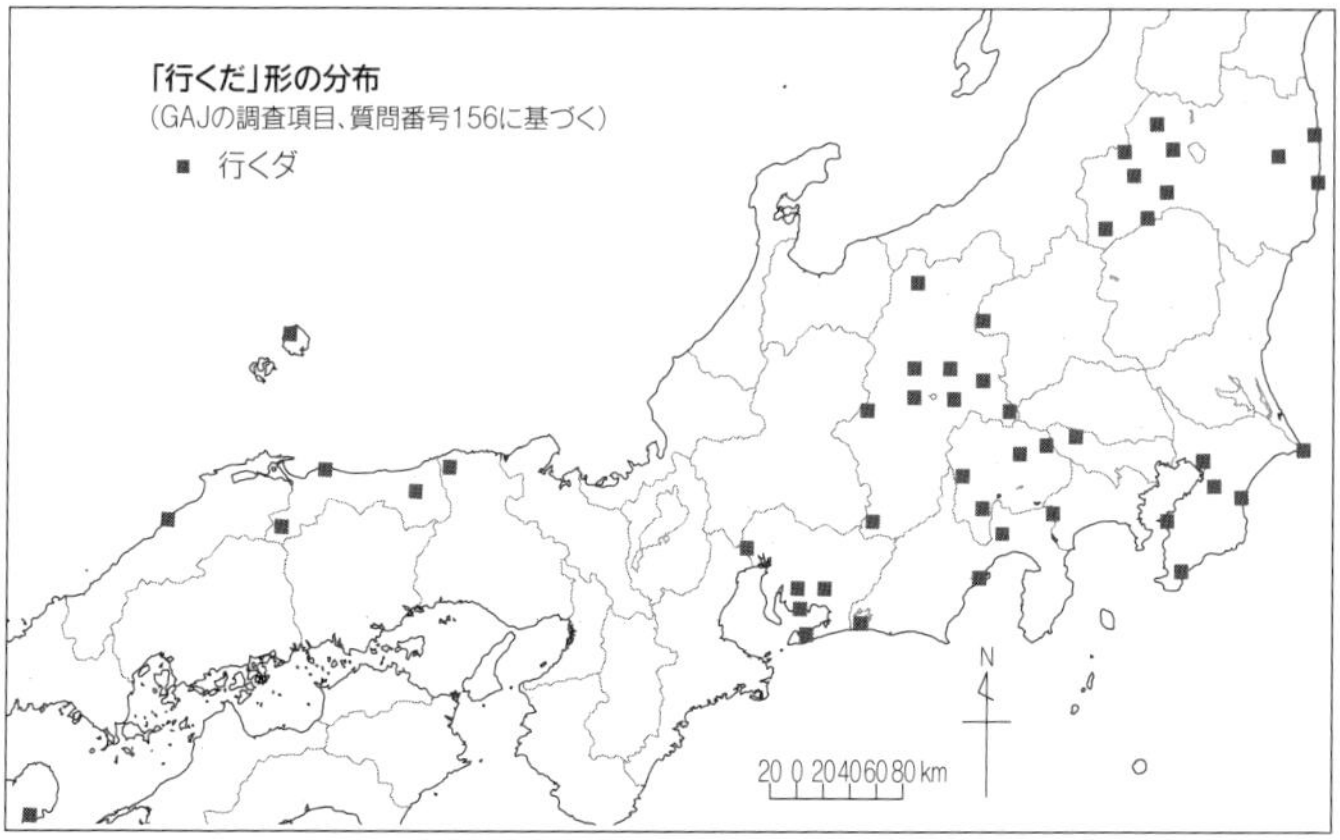

図７-１　「行くダ」という言い方の分布
『方言文法全国地図』の調査データ、質問番号156（この項目は地図化されていない）に基づく。

たのではないだろうか。そのほか、山陰や千葉にもあるが、大きなまとまりは中部地方である。

「の」が脱落したのか

標準語では、断定の助動詞「だ」を動詞（「言う」「来る」「行く」など）や形容詞（「高い」「汚い」など）などの用言に直接つなげることはない。「言うのだ」「来るのだ」「行くのだ」「高いのだ」「汚いのだ」のように、間に「の」をはさむ。

本書を少しさかのぼって、第２章の図２-１「雨が降っているから」を見てみよう（p. 44～45）。中部地方には、デが分布している。原因理由を表す接続助詞であるから、このデが「ので」に該当するものであることは容易に推測できる。ここにも「の」が現れていないわけである。

標準語に存在するものが方言になかった場合、方言では脱落したと考えがちである。その発想の背景には、あるべきものがいなかにはない、訛った末に消えてしまったという先入観がないだろうか。しかし、冷静に考えれば、高層ビル、地下鉄、エスカレーター、大気汚染など、もともとなかったものが都会にはあることだっていくらでも思い浮かべることができる。

文献に基づく日本語の歴史では、古くは「の」が不要だったことが知られている。「言う」という語形が、「言う」という動作そのものを表すだけではなく、「言うこと」という動作を含む状況（「言うの」に相当）を表すこともできた。慣用句やことわざに含まれる「言うは易し、行うは難し」「聞くは一時の恥聞かぬは末代の恥」などは、その名残である。この用法は、「〜すること」（「〜するの」に当たる）という体言に準じる意味を表すことから、準体法と呼ばれる。[2]

「言うのだ」のように「の」が入った形は、表現形式上、分析的に（すなわち「言うこと」のような）意味を表示するべく成立したものなのである。そのような便利な形式を成立させた後に、再び「の」を脱落させるという方向を想定するのは無理がある。地下鉄やエスカレーターの便利さを一度手にしたら、なかなか手放せない。それと同じように、「言うのだ」から「の」をみすみす脱落させて、「言うだ」を発生させることは考えにくい。

一方、「言うだ」の「言う」が準体法で、「言うの」を表すのであれば、「言う（の＝人）は誰だ」「（あの人の）言う（こと）はわからない」「言う（こと）を伝える」なども言えるのではないかと考えられる。「言うだ」型の準体法を持つ長野県茅野市で、筆者が信州大学の澤木幹栄先生の研究室とともに二〇一三年に共同で行った調査結果を、図7-2a「誰が言うだ」、図7-2b「言うは誰だ」、図7‐2c「言うはわからない」、図7‐2d「言うを伝える」に示した（p.134〜135）。

図7‐2a「誰が言うだ」は「〜するだ」型の典型的な準体法であり、市内のほぼ全域で使われる。図7‐2b「言うは誰だ」では使用地点が若干減少するものの、やはり広く使われている。図7‐2c「言うはわからない」になると、偏りが見られ、鉄道（中央本線）をはさんだ東と西に使用地域が分かれる。そして、図7‐2d「言うを伝える」では、ほとんど使用されない。「言う」という動詞が表す動作から、「言う」動作がもたらす内容になる（つまり、具体的な動作から遠くなる）に従い、準体法から離れていくことを示している。[3] このような用法と分布の対応関係から見ても、準体法は方言にもとから備わっているものであって、「行くだ」や「言うだ」は、「の」が脱落したものではないことは確かである。[4]

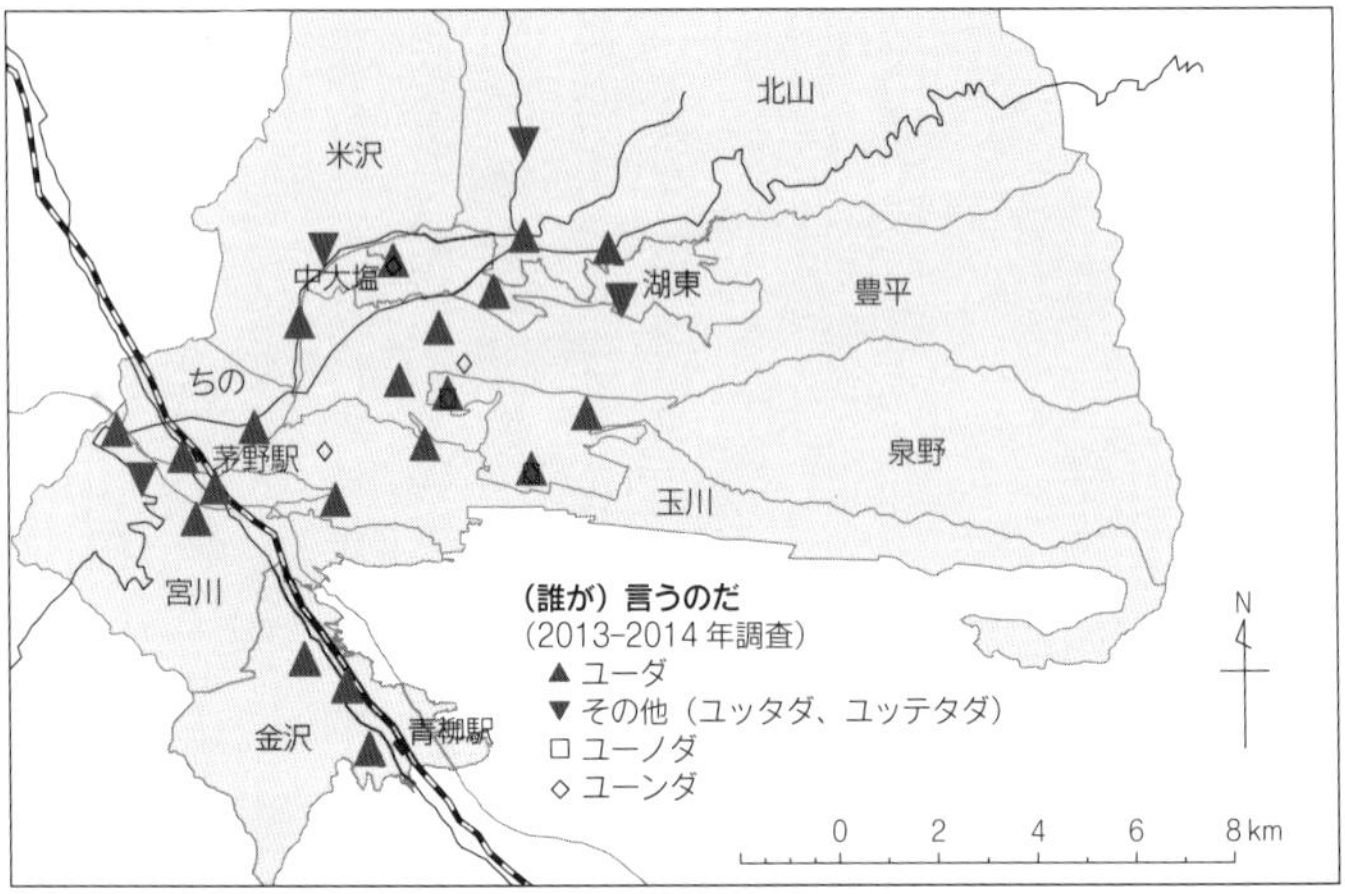

図 7-2a 「(誰が) 言うのだ」

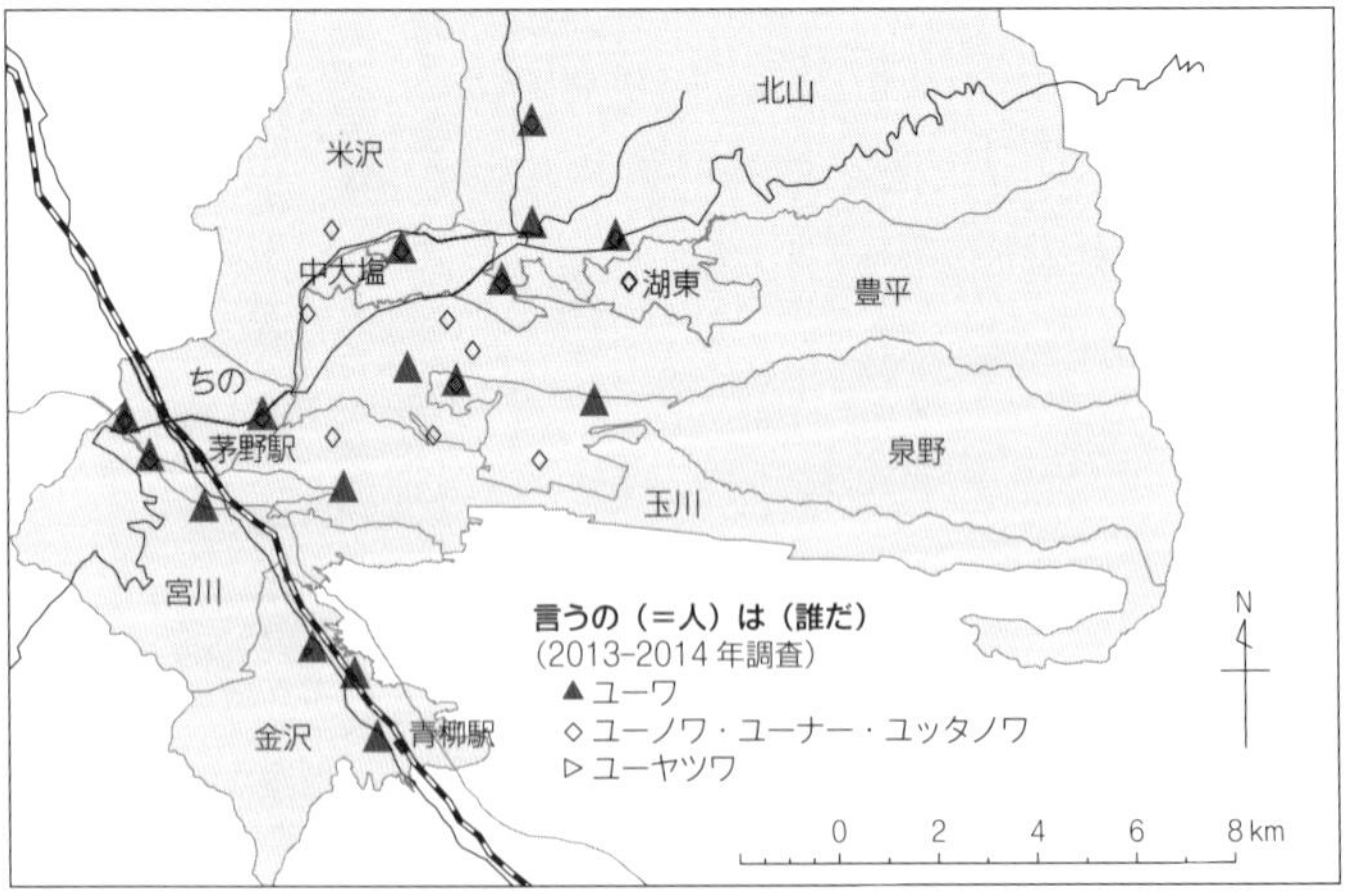

図 7-2b 「言うのは (誰だ)」

図 7-2　長野県茅野市における準体法の諸相

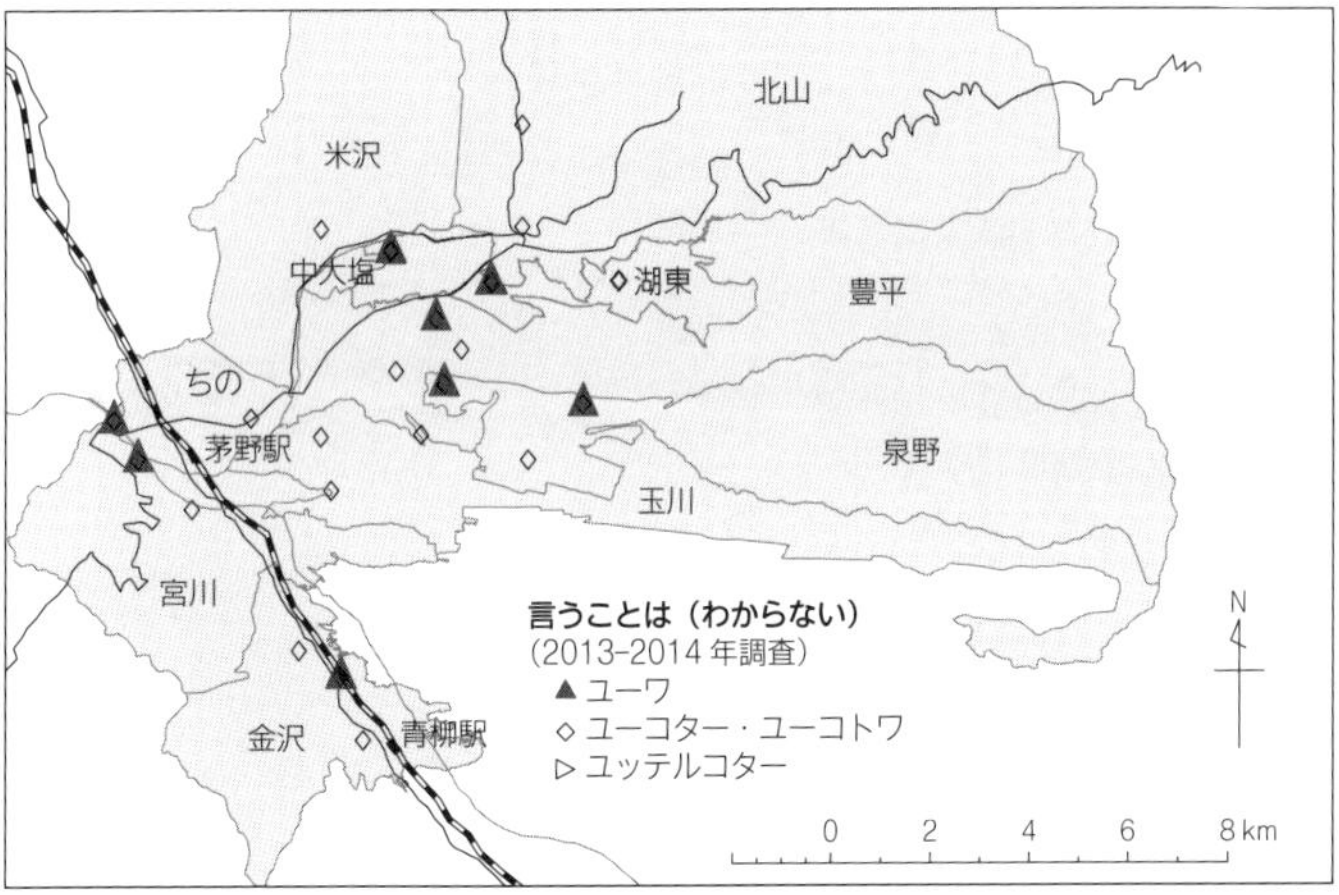

図 7-2c 「言うことは（わからない）」

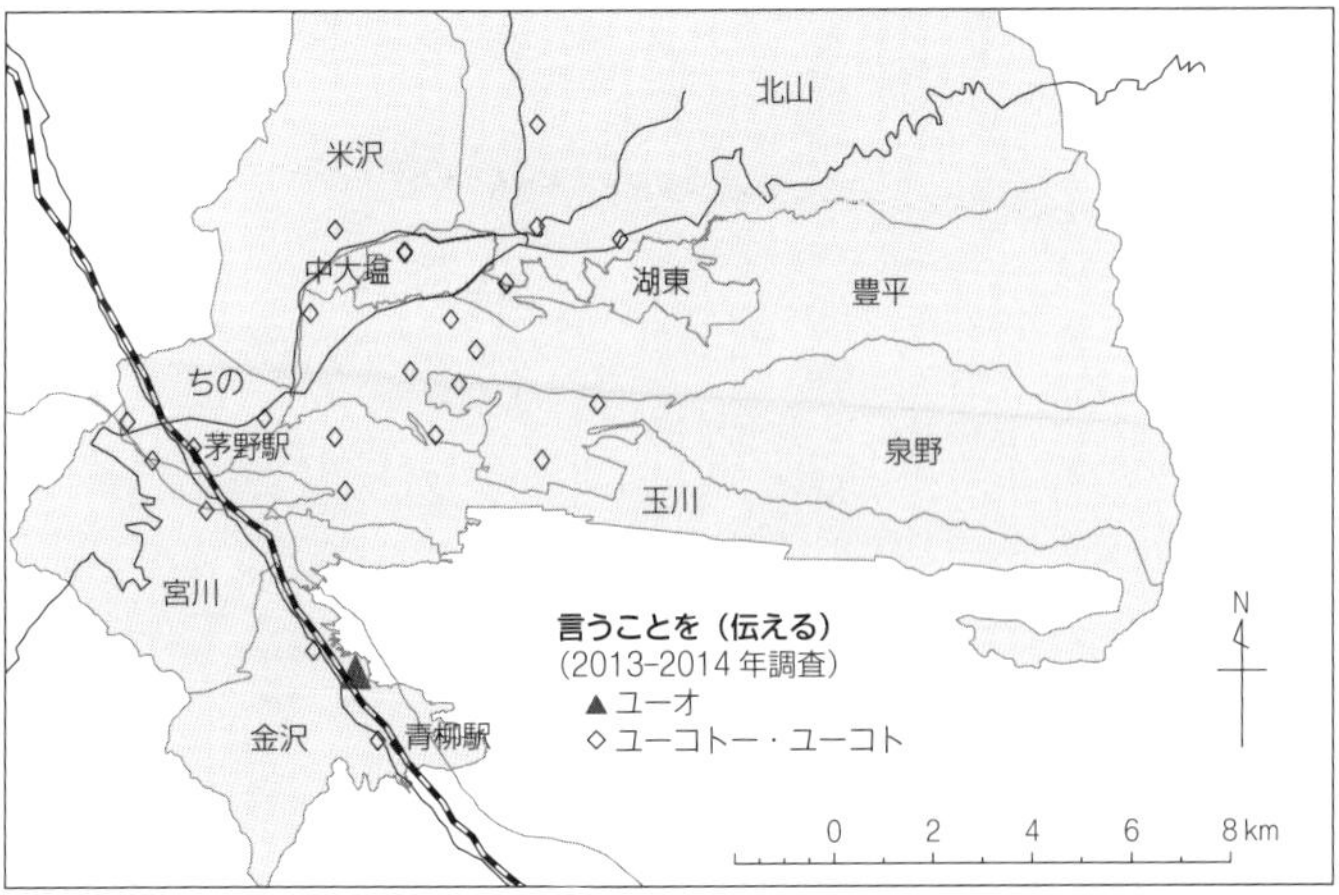

図 7-2d 「言うことを（伝える）」

2　ズラの深淵

行くズラと行くラ

～ズラという言い方を耳にしたことはないだろうか。このことばも「～するだ」と同様に、どこで使われているかよく知らないけれども、いなかのことばというイメージを与えてきたように思う。

高校卒業とともに、故郷を離れる人は少なくない。人生のひとつの転機であり、新たな出会いが実感をともないながら世界観の拡大をもたらす。このときに初めて、方言ということばの違いに出会った（あるいは実体験として理解した）という経験談は、しばしば耳にする。筆者は大学に入学したときに、西日本の故郷を離れ、東日本で生活することになった。その折に、ズラといういなかことばは茨城あたりの人が言うという誤った情報を聞かされた。いまにして思えば、ズラ＝いなかことば、いなか＝茨城という図式が、その情報をもたらした人（東京出身の人だったと記憶する）の中にあったのではないかと思われる。茨城ではズラは使わない。

ズラが使われるのは、山梨県西部、長野県南部、静岡県、愛知県東部である。そして、共通して「明日は雨ズラ」のように言う。これは「明日は雨だろう」を意味する。したがって、ズラは推量を表す。

ズラを使う地域の多くでは、「明日は雨が降るラ」のようにラも使う。ズラとラの大きな違いは、ズラは動詞にも形容詞にも名詞にも続くことができるのに対し、ラは名詞には続くことができない点にある。

動詞	形容詞	名詞
降るズラ	寒いズラ	雨ズラ
降るラ	寒いラ	——

それでは、動詞や形容詞にズラとラが付いたとき、双方は何が違うのだろうか。

　あれだけ蛙が鳴くということは、もうすぐ雨が降るズラ

この文脈で「降るラ」は言いにくい(5)。

梅雨だから、明日もまた雨が降るラ

この文脈では「降るズラ」は言えなくはないが、やや持って回った感じを与える。

（ニュースなどで）あんなに厚着をしているところを見ると、諏訪はかなり寒いズラ

この文脈で「寒いラ」は使いにくい。

（冬に）晴れた日が続くから、（放射冷却により）今夜も寒いラ

こちらでは「寒いズラ」は使いづらい。

前に付いた動詞や形容詞が表す内容を結果として、それを導き出す判断材料を推量するのが、ズラの典型的な用法である。標準語では「～のだろう」に相当する。一方、前に付いた動詞や形容詞の表す内容を推量する場合はラが用いられる。標準語では「～だろう」相当である。つまり、標準語と対比すれば、「の」相当があるのがズラ、ないのがラということになる。(6)

ただし、ズラが「のだろう」に当たるといっても、雨ズラのように前に付くのが名詞の場合は「雨のだろう」となってしまうから、そのまま置き換えるわけにはいかない。実はここがポイントであ

る。ズラを「のだろう」と考えるから、よく見とおせないのである。「言うだ」「言うは」の「言う」は「言うの」をその内容として持っていたのと同じように、ズラの前に来ることを例示した「降る」「寒い」は「降るの」「寒いの」を表すものと考えればよい。そうすると、ズラの前に「雨」のような体言ではない動詞や形容詞が来ても、これらは準体法すなわち体言相当のものであって、用法は一貫していることになる。

つまり、ズラが「のだろう」なのではなく、ズラはあくまでも「だろう」なのである。「の」はその前にある準体法の動詞や形容詞が担っているわけである。

ズラの起源は何ズラ

ラとズラのうち、ラは古典の「らむ」に基づくことは確かである。ところが、ズラの起源は「むずらむ」や過去推量の「つら」への類推など諸説ある。(7) このうち「むずらむ」(「むとすらむ」から変化した形)は、用言にしか付かないので、体言に接続することの説明ができない。(8) 一方、「つら」への類推というのは、ズラが使われる地域では過去の推量を表すのに行ッツラ(行っただろう)・来ツラ(来ただろう)のようにツラが使われることがあることと、「ず」と「づ」が区別される山梨県の奈良田方言でズラがヅラ相当の形で現れることを踏まえるものである。(9)

ズラは体言もしくは体言相当の機能を持つ用言に接続する。体言相当の機能とは、もちろん準体法のことである。したがって、ズラは「だろう」にあたる。ということは、ズラの中に断定の助動詞(断定辞)「だ」に該当するものが含まれていることが想定される。

右にも述べたように山梨県奈良田方言では、ズラがザ行ではなく、ズと区別されるダ行のヅラで現れる。奈良田も含む山梨県西部や長野県北部では断定辞「だ」がドーであり、これは古代東国方言を引き継ぐ古い形であるとされる。[10] そうすると、ズラの起源は、このドーにラが付いたドーラではないかと推定されることになる。

それではなぜ、ドーがヅに変化するのか。ドーラ（ズラの起源と推定）の前には頻繁に動詞連体形（準体法）が接続する。動詞連体形の末尾は、「言う」「行く」「来る」「見る」などウ段であり、母音のウである。これが、ドーに影響した。[11] 第2章でも述べたが、前から後に及ぼす変化は順行同化と呼ばれ、一般的なことばの変化である。[12] その結果、オ段のドがウ段のヅになった。[13] これが奈良田方言の形であろう。この地域の奈良田方言以外は、ヅとズの区別を持たないため、ズで現れる。推定した形に*を付けると、次のような変化があったことになる。

*ドーラ（祖型）→ヅラ（奈良田）→ズラ（奈良田以外の山梨、長野、静岡、愛知）

ズラは古代東国方言の形式を含んだ形を元にしながら、変化を経て、現在に至った形ということになる。文献に残された都のみやびな古語にさかのぼるものではなく、地域独自の長い歴史を背負った形なのである。

体言（相当）に接続するズラは、安定して使用されるうちに起源が不明になった。それが現在の状況である。もとがわからなくなったり、語形の造りが明らかではなくなったりすることは、ことばを変化させる大きなきっかけとなる。[14]

ズラからダラへのだらだらとした長い道のり

ズラの場合、併存するラが明瞭に推量を表すから、問題はズである。起源を求めるにあたっても注目したのはここであり、ズは断定辞ドーにさかのぼるととらえた。それが順行同化の結果、現在では語源がよくわからない形（ズ）に変化してしまった。それなら、ここ（ズ）を現在使われている断定辞のダ（あれは山ダ、畑ダのダ）に置き換えれば、わかりやすい形に再生することができる。それがダラである。

三十〜五十年という長期間を隔てて、方言分布を比較する研究を筆者たちは全国的に進めてきた。それをもとに図7-3（p. 142）にはズラとダラに関して、一九八〇年頃と二〇一〇年代の分布を重ね合わせて示した。[15] □が右向きの▲になっているところに注目すると、愛知県の東側ではほとんどのところで、併存していたズラが捨てられ、もっぱらダラのみの使用となった。また静岡県では虫食い状にズラがダラに置き換わっている。ただし、山梨県から長野県にかけては□が■のままであり、ズラが根強いことがわかる。

山梨県の甲府市では半世紀以上も前から子供たちがダラを使い出していることが報告されている。[16] また長野県諏訪地方でも使用があったことが報告されている。[17] しかしながら、現在の高年層を対象とした地図の図7-3には現れてこない。

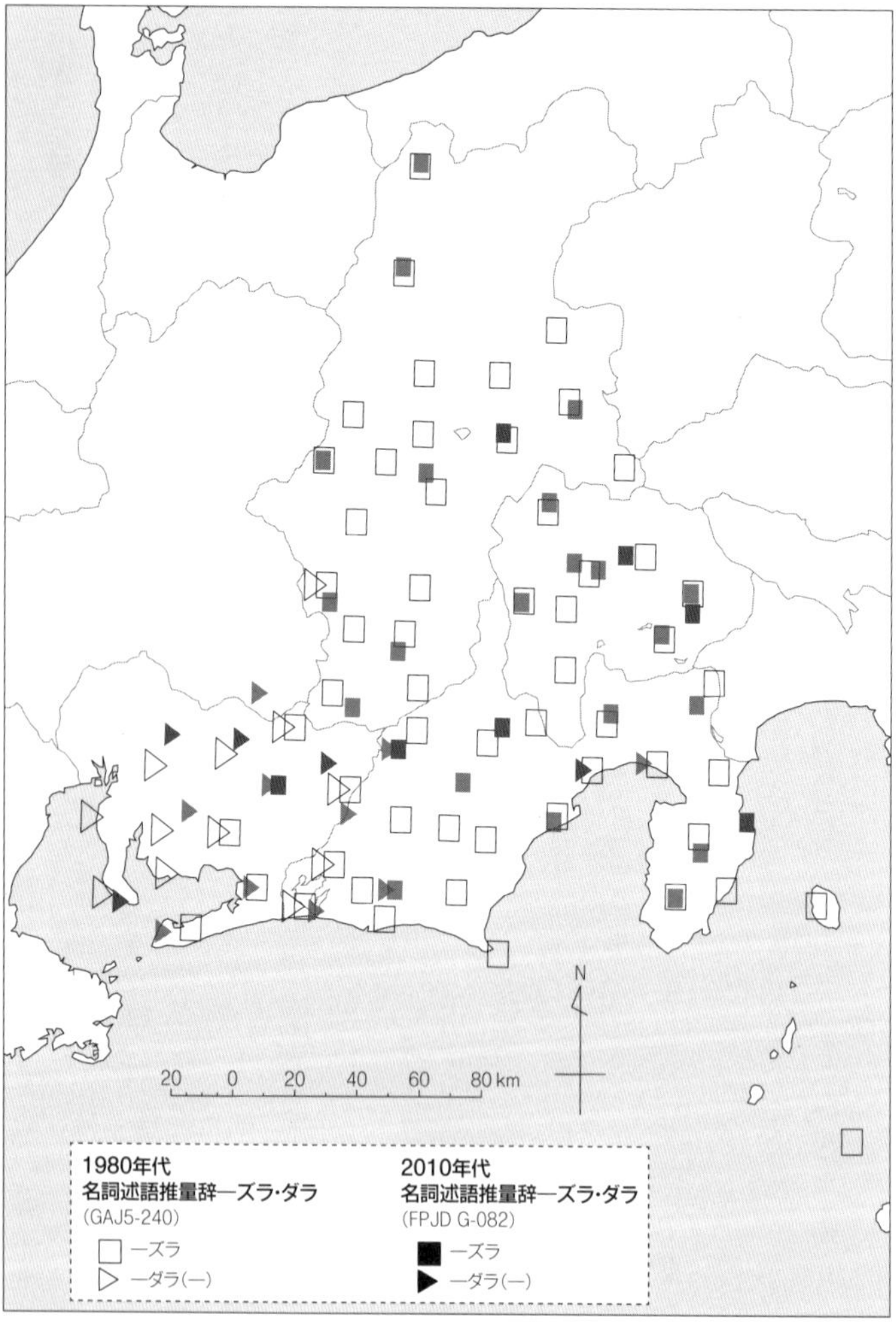

図 7-3　名詞述語推量辞（「雨だろう」「先生だろう」）ズラ・ダラの分布の 30 年間の比較

『方言文法全国地図』5 集 240 図と全国方言分布調査（FPJD）質問番号 G-082 のデータに基づく。

ことばの変化をグラフにすると一般的にS字状のカーブを描くことが知られている。最初はゆっくり始まり、急なカーブで上昇して使用率が上がり、最終的に安定する。ことばは伝達のための道具である。その機能を達成するためには、普及することが急務である。このことを考えると、急なカーブで使用率が上昇することは理論的にも理解される。おそらく、ズラからダラへの交替も変化を展開させた地域では、この急カーブに従って進行したのだろう。

ここで留意したいのは、急上昇の前段階にあるスローな傾斜である。語彙の変化を考えてみよう。例えば「唐辛子」を表す語形が、コショーからナンバンに交替したとする。名称が単純に置き換わったものであるから、変化の初期におけるスローな傾斜の時間的長さは、比較的短期間にとどまり、その後一気に普及の上昇に転じるだろうと考えられる。それに対して、文法はどうだろうか。語彙と異なるのは、文法はシステム的性格を強く有することである。このようなところはなかなか変化に転じにくい。甲府において半世紀以上も前からダラが芽生えているにもかかわらず大人のことば、つまり地域のことばとしてはいまだに普及していない。諏訪でもやはり半世紀前に使われた痕跡はあるものの明確な使用がいまだに確認されない。これらは文法に関することがらの場合、普及の上昇に至る前のスローな傾斜――グラフ上の初期のテール――がきわめて長いことを意味する。変化の展開に向けた潜伏期がだらだらと続き、機を見計らって一気に普及を狙う、それがダラの戦略ではないだろうか。甲府、諏訪での継続的観測が必要だ。

【注】

（1）あくまでも筆者自身の研究に関する立場を表明するものであり、そのような研究を軽視するものではない。

（2）この背景には、第4章において秋山郷のことばに関する説明で少しふれた終止形と連体形の区別と統合がある。ここに例として列挙した動詞だと、「来る」の場合、古くは「来（く）」という終止形が動作そのもの、「来る」という連体形が連体修飾機能と準体法をあわせ持ち区別があった。その後、終止形と連体形の区別が失われ、形の上で連体形に統合された後もかなり長く両方の意味を表すことができたらしい。

（3）『方言文法全国地図』1集16図の「（ここに）有るのは（何か）」では、アルワの地域がかなり狭いことが確認されるが、これも「有る」という動詞が表す動き（存在動詞としての内容）との距離が関係するものと考えられる。

（4）「〜するだ」型を持つ他地点でも同じ傾向があるかどうかは未確認であり、さらに調査研究が必要である。

（5）「降るズラ」の場合は、蛙たちがしきりに鳴いているのは、これから雨が降ることを察知しているという起因を推量している。それに対し、「降るラ」だと、蛙たちが鳴いている状況をもとに雨が降ることを推量する。このように表す意味にも違いがある。

（6）ズラとラの用法の違いについては、小林（一九七八）、長野県諏訪実業高校地歴部（一九六二）、馬瀬（一九七一、五三頁）馬瀬（二〇〇二、五四六〜五四七頁）で扱われ、特にズラが「のだろう」、ラが「だろう」に相当することは、柴田（一九五四、三七九〜三八一頁）、吉田（一九九六、二〇〇九）が述べる。

（7）馬瀬（一九七一、五三頁）参照。

（8）加えて「むずらむ」ならば、それに上接する用言は、連体形（形の上では終止形と同じ）ではなく、未然形になる。したがって、行クズラではなく行カズラになるはずで説明がつかない。なお、長野県茅野市には意志・勧誘を表す（ただし、推量は表さない）ズラがある（使用地域は茅野市内でも限られており、他地域での存在を筆者は確認したことがない）。このズラは未然形接続である（行カズラ＝「行こう」）。これこそが「むずらむ（むとすらむ）」の流れを汲むズラであって、この意志・勧誘のズラは、推量を表すズラと同形になっているが、動詞の接続形式や推量を表さないことからもわかるように、本章で扱うズラとはまったく別系統のものである。

(9) 「ず」と「づ」は表記だけではなく、古くは発音上区別されていたものであり、「じ」「ぢ」の区別と合わせて「四つ仮名」と呼ばれる。奈良田では（ズラではなく）ヅラ相当で発音されることについては、稲垣・清水・深沢（一九五七、九九～一〇〇頁）や金田一（一九六六、一〇一頁）に記述されている。

(10) 第1章の注16参照。

(11) 第2章3節で述べたサケーからスケへの変化も類似しているので参照のこと。

(12) 第2章の注17参照。

(13) 推定するもとの形は異なるが、同様な変化過程は佐伯（一九三五）に示されている。

(14) 西日本各地で発生しているナンダからンカッタへの交替はその典型的な事例である。動詞の否定過去（「行かなかった」「見なかった」などの「なかった」に該当）を表すのに、文章語も含め近世まで標準語的な地位を占めていたのはナンダであった（行カナンダ、見ナンダなど）。ところが、ナンダは語原が未詳であり、どこまでが否定を表し、どこからが過去を表すのか切れ目がわかりづらい。そこで過去形にナンダが用いられ、現在形にン（行カン、見ンなど）が用いられる地域では、形容詞の過去形の末尾形式を取り込んでンカッタ（行カンカッタ、見ンカッタなど）を生み出した。現在では、近畿方言の一般的な形と受けとめられがちなンカッタであるが、大阪府全体で広く使われるようになったのは、実際にはここ三〇年くらいのことである。

(15) ズラとダラのほかにダラズもあるが、二〇一〇年代の調査では衰退が著しいため、この図では挙げていない。

(16) 上條（一九五四、一七頁）には、ダラは小学校の下級児童が一時的に使うが、たしなめられて、成長とともに使わなくなることが記述されている。

(17) 長野県諏訪実業高校地歴部（一九六二、一二～一三頁）参照。

【参考文献】

稲垣正幸・清水茂夫・深沢正志（一九五七）『奈良田の方言』（甲斐民俗の会）
上條馨（一九五四）『づら考―その成立の由来と、分布―』（御崎神社社務所）
金田一春彦（一九五六）「山梨」『NHK国語講座　八　方言の旅』（宝文館）九四〜一〇三頁
小林伸子（一九七八）「長野県茅野方言の推量表現について―「〜ズラ」と「〜ラ」の違い―」『日本語研究』（東京都立大学国語学研究室）一、二三〜三〇頁
佐伯隆治（一九三五）「信州方言「ナナ」「ツラ」「ヅラ」について」『土の香』八〇、三九〜四三頁
柴田武（一九五四）「方言調査法」東條操編『日本方言学』（吉川弘文館）三六七〜四三三頁
長野県諏訪実業高校地歴部（一九六二）『諏訪方言集』（諏訪実業高校）
馬瀬良雄（一九七一）『信州の方言』（第一法規）
馬瀬良雄（長野県）（二〇〇二）『長野県史　方言編』（長野県史刊行会）
吉田雅子（一九九六）「山梨西部方言における推量表現」『国文学論集』（上智大学国文学会）二九、八七〜一〇三頁
吉田雅子（二〇〇九）「山梨県」『都道府県別全国方言辞典』（三省堂）一三八〜一四五頁

第8章　なぜ方言はあるのか

1　方言と分布

方言と俚言

方言学の概説書を開くと、たいていの場合、「方言」と「俚言」の区別について書かれている。「俚言」というのは、例えば「かたつむり」を表すマイマイやツブリなど個別の語形変種のことで、個別の変種という点では、動詞否定辞のナイやン、形容詞の過去形のタカカッタやタケカッタなども含まれる。

それに対し、「方言」というのは個々の単語の形や文法形式ではなく、東北方言やその細分類である津軽方言、庄内方言など、言語としての体系的総体を指す。

といった具合に方言と俚言を区別することは、方言研究者なら誰でも理解している。大学で方言学概説や方言学入門などの授業をする際に必ず説明するはずだ。ただし、ほとんどの場合に一言付け加えるか、小声でつぶやいているのではないか。

「方言学者だって、いつもきちんと区別しているわけではないけどね…」

本書もここまでのところで、区別していない。同じ言語の中にある単語や文法形式や体系などのいろいろな地域的バリエーション、そのような広い意味合いで方言と記してきた。

分布があるから、お隣さんがある

そのようなことばのバリエーションは地理空間と結びついている。[1] そういうと難しそうであるが、表現をかえれば、このあたりからこのあたりまでは、このような言い方をする、ということである。具体例を挙げるなら、動詞否定辞のンが使われたり、形容詞の過去形のタケカッタが使われたりするところは、それぞれ場所としての範囲がある。そして、それらを地図に描くと分布として現れる。

通常、言語地図がベタ一面同じで現れる（つまり、凡例に搭載する記号が一つのみ）ということはない。任意の言語形式（例えば、マイマイやタケカッタ）が地図上で模様のように分布を示す。ということは、その分布には外側があるということで、そこには別の言語形式（例えば、ツブリやタカカッタ）が分布する。つまり、ある言語形式に分布があるということは、その外には必ず別の言語形式の分布があるということだ。当然のことながら、こちらの分布と隣の分布はことばが違う。このようなことばの違いが方言として認識される。

2　方言ができるしくみ

共同体とことば

x町とy村という隣り合う共同体の存在を想定してみよう。それぞれの共同体は一定の広さを持っている。それぞれの共同体に属する人々は、共同体の中でまとまりを持って暮らしている。なお、ここではごく一般的な共同体を想定しており、これらは隔絶された孤立社会ではない。

共同体の人びとが意思疎通に使うのはことばである。ところで、本書で述べてきたように、ことばは必ず変化する。変化を起こさないことばはない。したがって、ここに設定した共同体のことばにも変化が起こる。

ことばに変化が起きるとどうなるか。ことばは意思疎通のための道具であるから、共同体の中に異なりがあることは、本来望ましいことではない。ことばは通じるからこそ、ことばなのであり、起こった変化は通じるようになることでことばになる。そこで、発生したことばの変化は共同体の中に広がり、共有化されるようになる。

変化は同時に起こらない

隣り合う共同体の一方、y村で変化が発生したとしよう。変化の要因がことばの外に求められる外的変化であっても、中に求められる内的変化であっても、xとyの両方の共同体で同時に発生するものではない。変化が起こるまでは、x町もy村もあることがら（例えば「高かった」）を表すのにA（例えば、タカカッタ）という言い方をしていた。そこにy村で新しくB（例えば、タケカッタ）という言い方が発生した。一方でx町にはその変化は起こらなかった。y村では意思疎通を達成するために、Bの言い方が広がったが、x町はもとのAのままである。以上のようすを図8-1（p.152）に模式化して示した。

このようにして、x町（共同体x）を領域とする語形Aと、y村（共同体y）で使われる語形Bの分布ができる。そして、AとBということばの違いが、地理空間上のことばの異なり、すなわち方言として姿を現す。

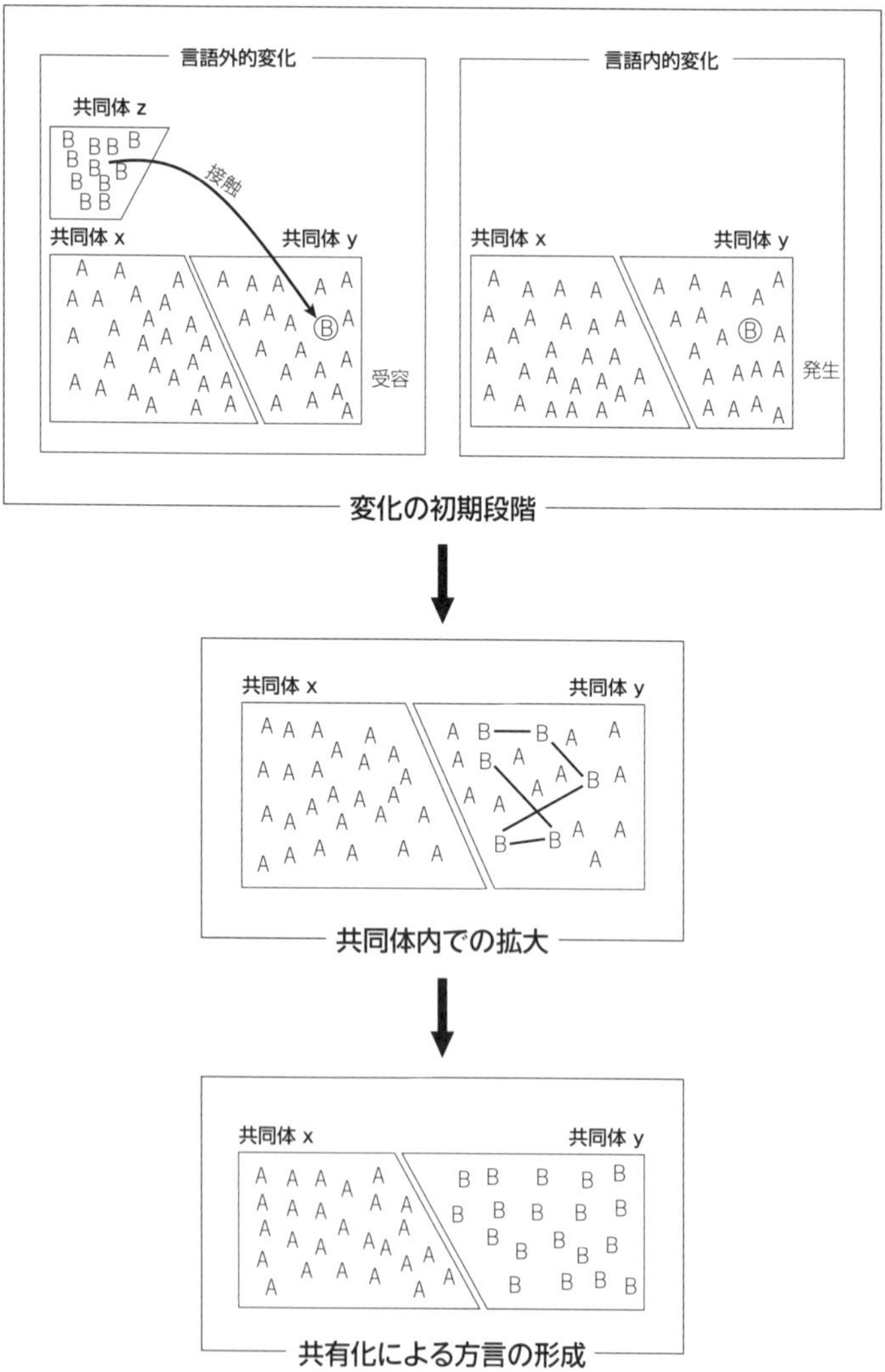

図 8-1　方言ができる過程

3　そして分布になる

例えば、タカカッタがタケカッタになるような変化が発生すると、基本的にそれまでなかったもの（この例ではタケカッタ）が現れることになる。[2] それはどこで始まるのだろうか。

変化の始まりと顚末

次章でも述べるが、ことばの変化について、始まりはどこかでなければならないという制約は見いだされない。制約がないということは、都会とかいなかとかいったことは問わず、どこででも始まるということにほかならない。

それでは、新たに発生したことばはどうなっていくのだろうか。

新たなことばは、生まれれば必ずそれがことばの違いを生み出し、方言差に発展するわけではない。生まれても共同体の中に受け入れられなければ、しぼんでいくだけである。前章で挙げた甲府における推量を表すダラは、発生してもなかなか広がることができなかった例である。

それに対し、受け入れられた場合には、前節で述べたように方言を生み出していく。生まれたことばのうち、どれくらいが受け入れられるのかは不明である。新しい語が、しばらくすると死語になったというようなことが話題になることはあるが、その語はすでに記録される程度に受け入れられている。それ以前の段階では、記録すらされないからだ。

ただし、ことばの変化は、絶え間なく連綿と続いているというようなものではないだろう。ことばは一定の受容を前提とする意思疎通の道具である。それに加えて、そう易々とは改変できないシステムとしての性格を強く持っている。したがって、ことばというものは、本質的に連続的な変化にそぐわないのだ。

どのように広がるか

それでは受け入れられた新たなことばはどのように広がるのだろうか。「広がる」という表現は、中心点があってそこから放射状に拡散していくことをイメージさせるかもしれない。しかし、共同体の中に受け入れられるにあたって、そのような面上での位置のあり方は関与する必要がない。ひとつは、共同体内での人間どうしのつながりがベースになるだろうと考えられる。新たなことばが意思疎通の現場を介して広がるだろうということである。ただし、そのような直接的な接触がなくとも、「耳にする」ことで受け入れられることもあるだろう。そのようなことが起こりえるのも、またことばの特質である。図8-1(p.152)では、そのような広がりを起こしていく連鎖を線で表示している。

共同体内での広がりに、空間的な連続性は必ずしも要求されないということは、ばらばらと散らばりながら広がることを意味する。言わば点描画のように、共同体の領域が埋められるということである。地図で見てきた方言分布のほとんどはその結果と考えられる。(3)

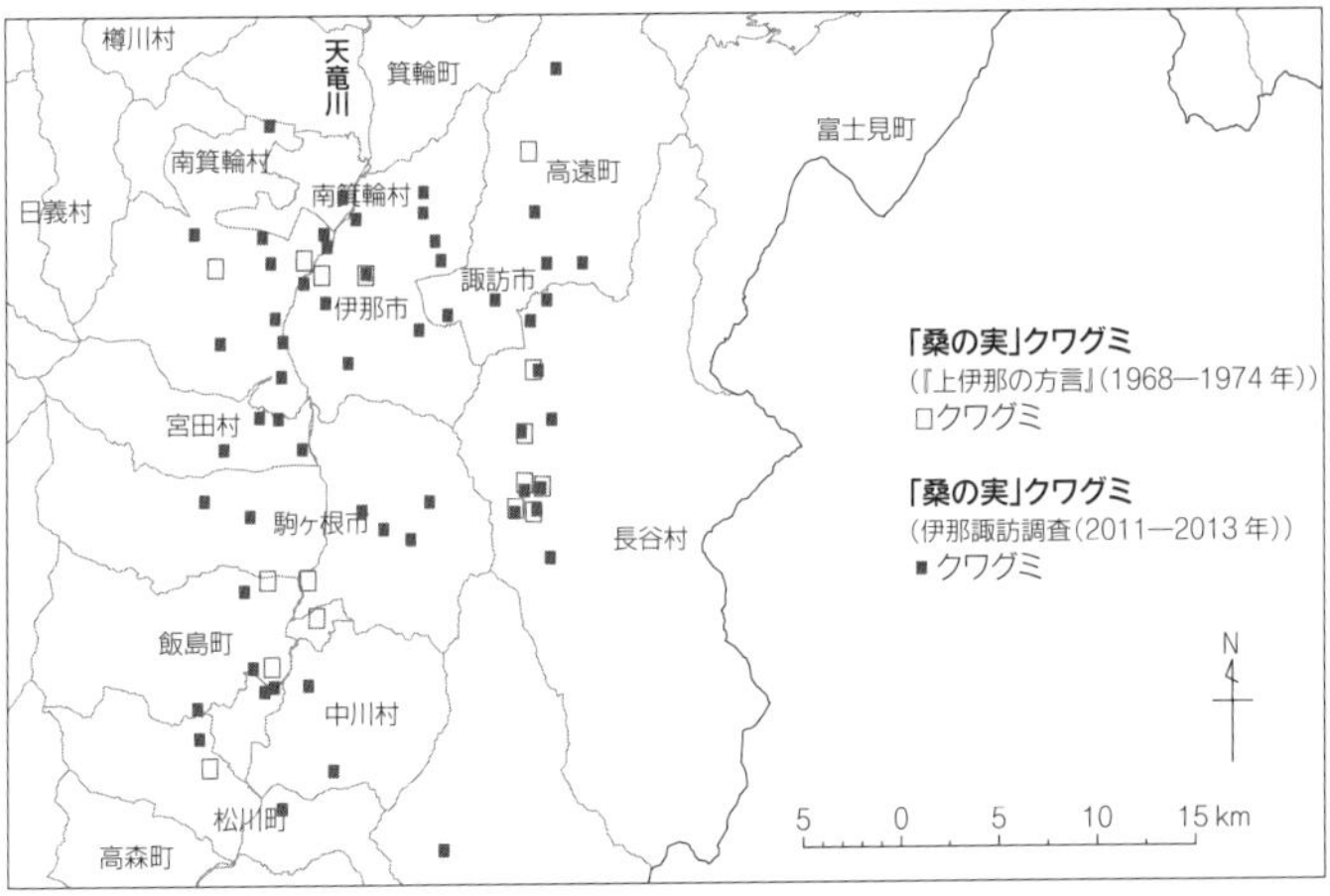

図 8-2　長野県伊那諏訪地方の「桑の実」の方言形の変化

図8-2は、長野県上伊那地方における「桑の実」を表すクワグミの四〇年間の分布の変化を示している。四〇年前の調査結果は中が白い正方形で示している。[4] 四〇年前の段階ではクワグミは伊那市と高遠町の一部、駒ヶ根市と飯島町の境界あたり、長谷村などに散在していた。この地方ではグミが「小型の果実」を意味する。したがって、「桑の実」をクワグミと言うのは自然なことで、そのことからすれば、地点相互が関係することなく、クワグミが発生した可能性は十分にある。[5] その場所は伊那市の中心部であったり、高遠町の山中であったりして、中心や周辺という見方でひとくくりには扱えない。そして、黒い小さな正方形で示した四〇年後の現在の分布では、あたかも点描画の完成を見るかのように、クワグミはこの地図の対象域のほぼすべてを覆うようになった。

新たに生まれたことばが、どこまでも永続的に広がる必然性はない。ことばが通じる必要がある範囲までで十分なはずである。その範囲が、これまで「共同体」と呼んできたものに当たる。呼び方は、「集団」でも「むら」でも「コミュニティ」でもよい。その共同体とは何か。

人は、多くの場合に一人では物事をなしえない。複数でことをなすのが、あるいはなすことができるのが人である。そのようにして、ことをなすグループ（むれ）が共同体である。一人の人が属する共同体は、複数にわたる。例えば、仕事の共同体、祭りの共同体、町内会の役員の共同体など数えればきりがないほど多くの共同体に属しているものである。共同体のあり方には地域差や時代差があるはずだが、このような状況そのものは、都会だからいなかだから、昔だから今だからということには左右されない[6]。そして、これらの共同体での意思疎通に欠かせないのがことばである。変化により新たに生じたことばは、このような共同体で共有されることが必要である。

同時に、人間は（生身の身体を持っている以上）地理空間から自由になれないということを踏まえておくことが重要である。人間の行動範囲が地理空間により拘束されていることで、共同体にも一定の領域が存在することになる。このことが空間上のことばの違いとしての方言を発生させるおおもとになっている。

どこに広がり、どこに伝わるか

それでは、個々の変化は、どの共同体に広がるのか。これは、未解決の大きな課題であるが、特定の目的から離れた一般的な性質を持つ共同体（例えば集落や行政単位）ほど、変化に広く反応し、分布もそこに対応するという傾向はありそうだ。また、第6章でも扱ったように方言分布が広がる共同体のあり方が人口構造に反映されることもある。この場合は、共同体の構造上の差異が、ことばの広がり方の違いを生じさせていることになる。

外的変化は、外から共同体内に新しいことばを導入するということではあるが、共同体内の広がりと外的変化の間を明確な一線で切り分けることは難しい。実際にはともに何らかのつながりを基盤とした変化であり、外的と言っても、共同体のとらえ方しだいであり、範囲を広く扱えば内での変化に見えることもあるはずだ。距離が近いところほど影響を及ぼしやすいという強い傾向があることは確かである。しかし、すべてがそのことで説明できるとは限らない。むしろ、遠方であっても、距離に左右されないような諸般の（経済、縁故、宗教などさまざまな）事情によるつながりを人間は持っている。例えば第1章をふりかえると、瀬戸内から塩が運ばれたように、否定辞ンが遠く西日本から甲府盆地にもたらされたのだった。

なぜそこに方言はあるのか

このように新たなことばは特定の場所で生まれるわけではなく、生まれたことばも常に受け入れられて生き続けるわけではない。一方、受け入れられて生き続けるということは、伝達の道具としての役割を果たすことができるようになったということであり、その通用する範囲が空間上の分布として現れることになる。そしてこの分布には共同体のあり方が強く関与していると考えられるが、共同体が根本的に有する複雑性ゆえに、方言分布と共同体の空間上の対応を法則化して把握することは現時点ではできない。したがって、個々の事例について、さまざまな角度からのアプローチを積み重ねることが求められるのである。なぜそこに方言があるのか。その基本は右に記したとおりである。しかしながら、個別の事情とその背後にある人間の活動については、まだまだ解明が進んでいない。ことばの地理に対して研究が必要な理由はここにある。

【注】

（1）したがって、方言に関する情報は、形とそれが表す意味ということば（言語記号）としての基本的な情報のほかに、「どこで使うか」という場所に関する情報が欠かせないことになる。なお、イギリスにおける英語のように社会階級など社会的属性がことばのバリエーションに結びつく言語もあり、その場合の言語的異なりは社会方言と呼ばれることもある。

（2）ときには先祖返りすることもある。そのような場合、長いスパンで見ると「それまでなかった」という表現は、厳密には成り立たないことになる。そこで、ここでは「基本的に」という断りを付した。

（3）渋谷（二〇一四、三二頁）によると、欧米ではこのように完成するまでの過程を言語変化ととらえるとのことなので注意が必要である。

（4）四〇年前（一九六八〜一九七四年）の調査結果は、馬瀬（一九八〇）による。現在の状態については、二〇一〇年〜二〇一五年に信州大学人文学部の澤木幹栄先生の研究室と筆者が共同で行った調査結果による。

（5）このような形で、離れた場所で類似の語が生まれることは、「多元的発生仮説」と呼ばれる（長尾一九五六）。ただし、相互の地域は無関係ではなく、何らかのつながりの下、広がる途中段階にあったという可能性も否定できない。

（6）人のつながりの歴史的状況については、本田（二〇一五）参照。

【参考文献】

渋谷勝己（二〇一四）「接触言語学から構想する方言形成論―ハワイの日系人日本語変種を例にして―」小林隆編『柳田国男の現代的意義―あいさつ表現と方言形成論―』（ひつじ書房）三七〜四〇頁

長尾勇（一九五六）「俚言に関する多元的発生の仮説」『国語学』二七、一〜一三頁

本田毅彦（二〇一五）『つながりの歴史学』（北樹出版）

馬瀬良雄（一九八〇）『上伊那の方言（上伊那誌　第五巻　民俗篇下）』（上伊那誌刊行会）

第9章　ことばの地理学

1 「同心円」の不思議

方言周圏論

柳田国男による『蝸牛考』を嚆矢とする方言周圏論が方言学の目的たりえるかどうかをめぐって、方言区画論を主張した東條操と柳田の間で議論が展開されたことについては、第1章で述べた。注意しておきたいのは、この論争は方言学の目的に関することであって、方言周圏論が正しいかどうかということをめぐって議論されたものではないということだ。東條は方言周圏論の考え方については、理解を示しており、次のように提唱者の柳田本人以上にわかりやすく簡潔に説明している。(1)

「文化の中心地にはよく語の改新が起こる。いま、ある事物を表す名称に新語が発生したとすると、やがて、それまでに使われていた旧名称は中心地から駆逐され、その外側地帯に押し出される場合が少なくない。かような改新が中央で数回行われると、池に小石を投げた時起こる波紋のように、中心地の新語を囲んで、いくつかの同心円的な前代語の層ができる。この場合、より古い発生のものが、中心地よりより遠い距離に広がるわけである。(2)」

その方言周圏論の出発点である「かたつむり（蝸牛）」の方言分布は方言周圏論の出発点であり、当然のことながら周圏分布の典型とされている。概略は第1章で述べたが、その分布は内側から外に向かって、デデムシ－マイマイ－カタツムリ－ツブリ－ナメクジの順で分布しているとされてきたものである。その「かたつむり」の分布を見ることにしよう。

図9－1（p.164～165）は「方言周圏論」の出発点となった「かたつむり」の分布である。[3] この地図からナメクジ－ツブリ－カタツムリ－マイマイ－デデムシ－マイマイ－カタツムリ－ツブリ－ナメクジという同心円が浮かび上がってくる。…だろうか？

「かたつむり」の同心円

ここで思い切って、正直に言ってしまおう。「かたつむり」の方言分布を三十年以上見ているが、実は私には一度として、言われるような同心円が見えたことがない。むろん、「同心円」というのは一種の比喩であって、細長い列島の両端にナメクジ、その内側にツブリ、さらにその内側にカタツムリ、またその内側にマイマイがあって、その内側、つまり中心にデデムシがある、ということを意味することは理解している。そのことを十分に心がけているにもかかわらず、皆が言う同心円が見えない。修行が足りないのだろうか。しかし、自慢に聞こえるかもしれないが、作ってきた言語地図の量では、多分、私は日本で現役トップテンに入ると思う。もしかしたら作ることに熱中しすぎて、見る方の目が養われてこなかったのだろうか。

大学で授業するときには、『蝸牛考』と「方言周圏論」は避けて通るわけにはいかない。そこで、

図 9-1　かたつむり

『日本言語地図』5 集 236・237・238 図に基づく。

ナメクジ系
- ナメクジ
- マメクジ
- ナメクジラ
- ナメクジリ
- マメクジリ
- ナメト

ツブリ系
- ツブ
- ツブラメ
- ツグラメ・ツングラメ・ツグランメー・ズグラメ
- チンナミ・チンナン・チンニャン・チンニャ
- チンダリ

カタツムリ系
- カタツムリ
- カタツモリ
- カタツンブリ・カタツブリ
- カッタイツンムリ・カッタイツムリ
- カサツムリ
- カサツブリ
- カタカタ・カタタ・カタタン
- カサッパチ

マイマイ系
- マイマイ・メーメー
- マーメ
- マイマイコ
- マイマイズ
- メーメチョ・メメチョ・メーメンジョ・メメンジョ
- メーメンカンカ
- モイモイ
- マイマイツブリ
- マイマイツブロ・メーメーツブロ・メメツブロ
- メーメツブ・メメツブ
- メーボロ
- カーサンマイ・カサンマイ・カーサンメー・カサンメー

デデムシ系
- デンデンムシ
- デンデンムシムシ
- ゼンゼンムシ
- デンデムシ・デデムシ
- デンデン
- デンデンゴ・デンデンゴーナ・デンデンゴナ
- ダイダイモシ

その他
- デーロー・デーロ
- ダイロー・ダイロ
- デーロン
- デーロデーロ
- ダイロダイロ

- ツノコダシ・ツノダシ
- ツノンデーロ・ツノンデロ
- ツネンデーロ・ツネンデロ
- ツノダイロ
- ツンケー・ツンケ
- ツンケーマゴシロ・ツンケマゴシロ

- タンマクラ・タマクラ・タンバクラ・タバクラ
- ヘビタマクリ

- イエカルイ

- その他

- 無回答

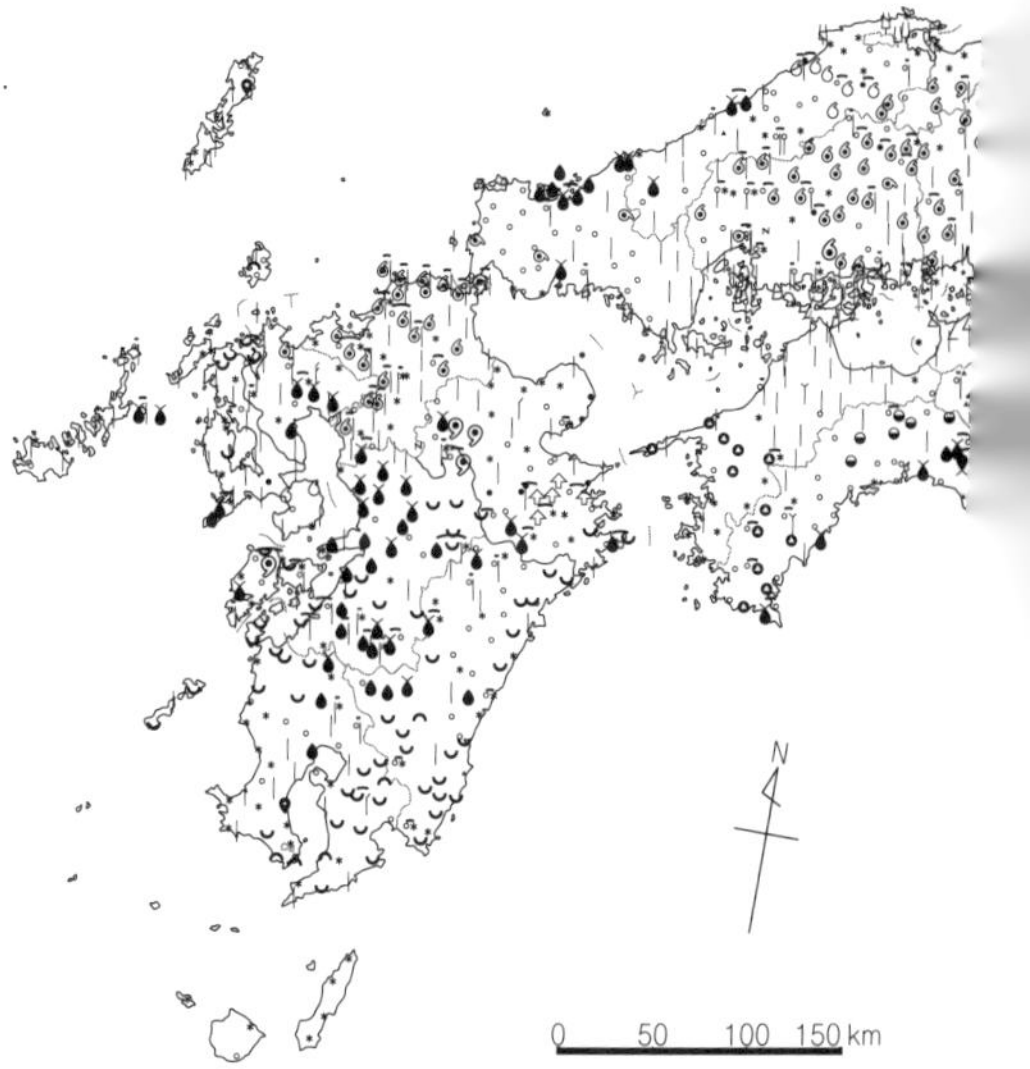

どうしてもこの「かたつむり」の分布について話さざるをえない。地図を示しながら、つらい気持ちを押し隠し、ことばを濁しつつ、「同心円」と言ってきた。学生諸君は素直で、教師の言うことに間違いはないと信じているから、同心円の存在をそこに見ている。いや、強引に見させてしまってきたのかもしれない。

同心円が見えないのは、あるいは私の心の目が濁っているせいかもしれない。そこで思い切って、私よりははるかに心が澄んでいるであろうと思われる若い学生たちに、同心円が見えるのか、正直なところはどうなのか、と尋ねてみると、案の定、首をかしげたりする。どうも同心円が見えないのは私ばかりではないようだ。

図9-1のようにナメクジ、ツブリ、カタツムリ、マイマイ、デデムシを一度に見ようとすると、相互の重なりもあって、同心円がよく見えないのかもしれない。そこで、それぞれの分布を分けて地図にしてみたのが図9-2a～図9-2e（p.167～169）である。

「かたつむり」を表すそれぞれの分布

図9-2aと図9-2bを比べると、ナメクジよりもツブリの方が南西に大きく伸びている。この段階でナメクジがもっとも外側という説明は、妥当ではないことが明らかであり、いきなりつまずく。とはいえ、図9-2aのナメクジは、確かに本州と九州の外縁的な位置に分布していることは見て取れる。次に図9-2cのカタツムリであるが、これは全国にかなり散らばっており、同心円という比喩がそもそも苦しい。そのことは図9-2eのデデムシも当てはまるが、デデムシは確か

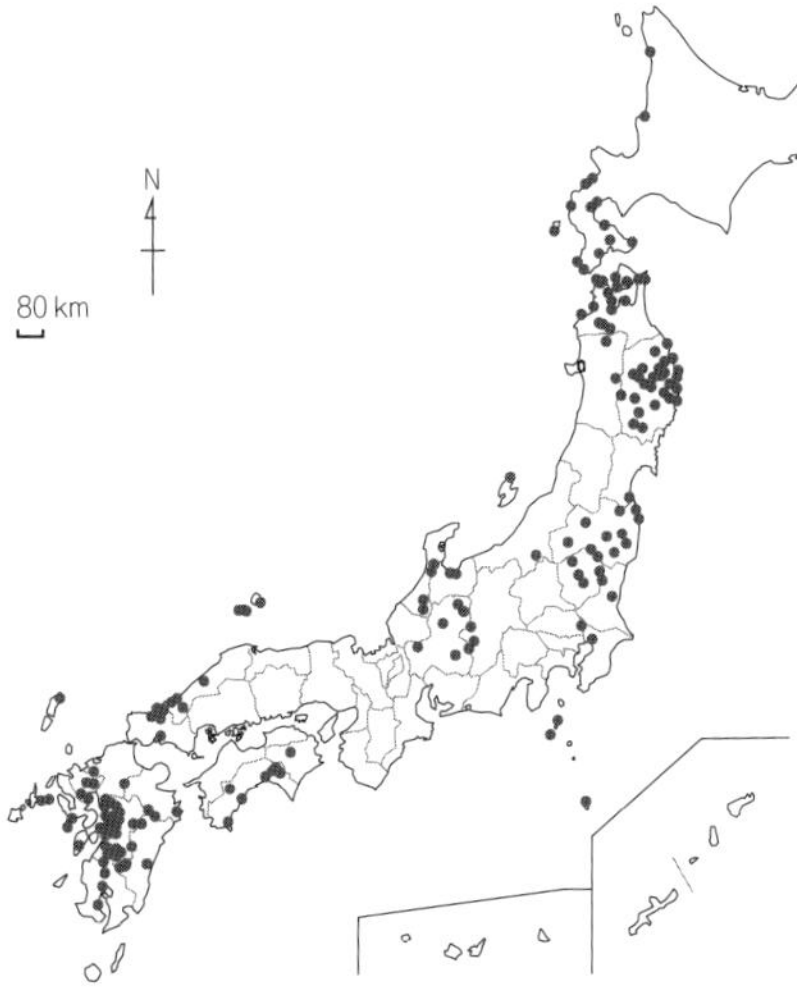

図 9–2a　ナメクジ系

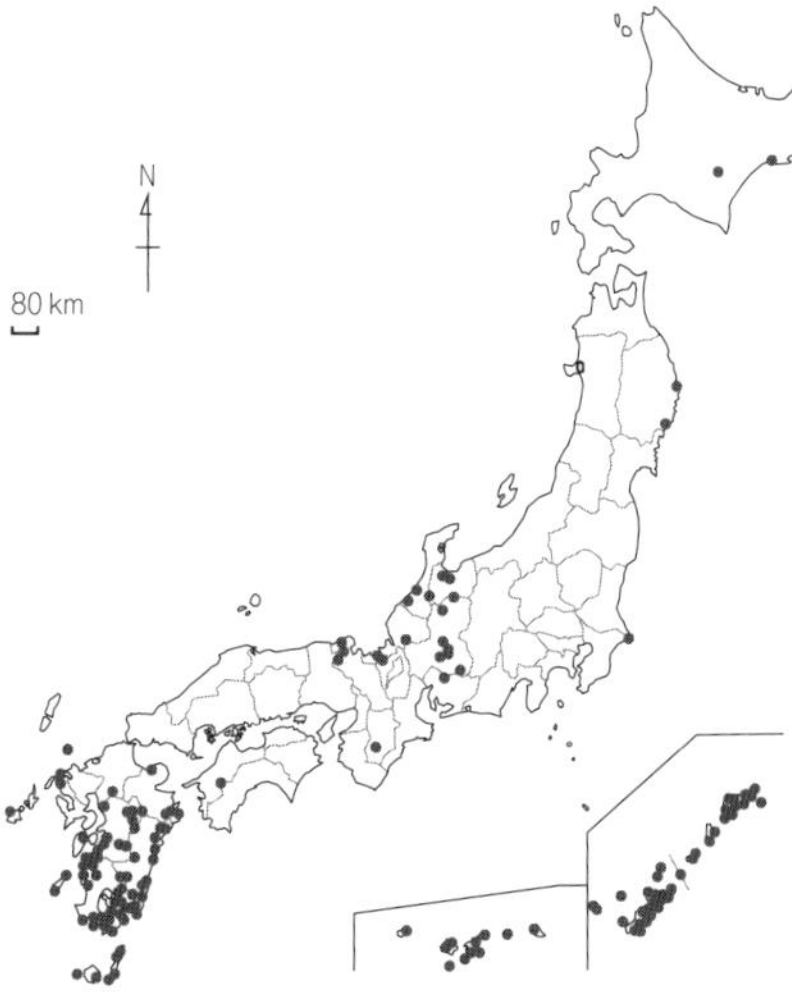

図 9–2b　ツブリ系

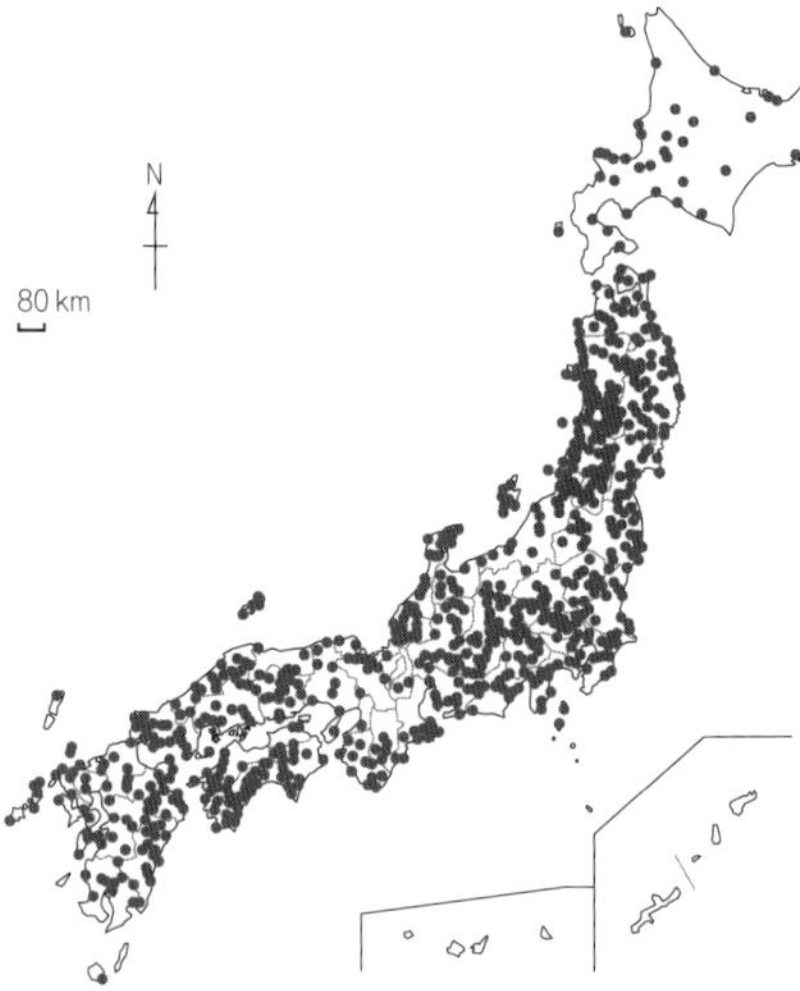

図 9–2c　カタツムリ系

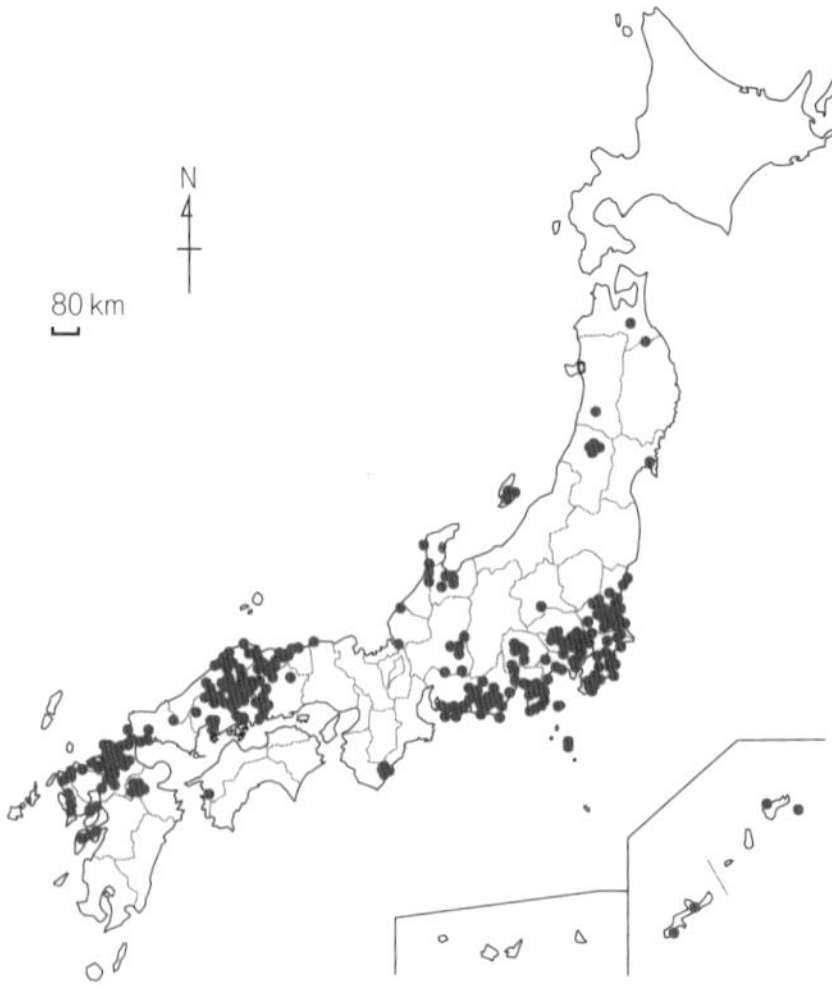

図 9–2d　マイマイ系

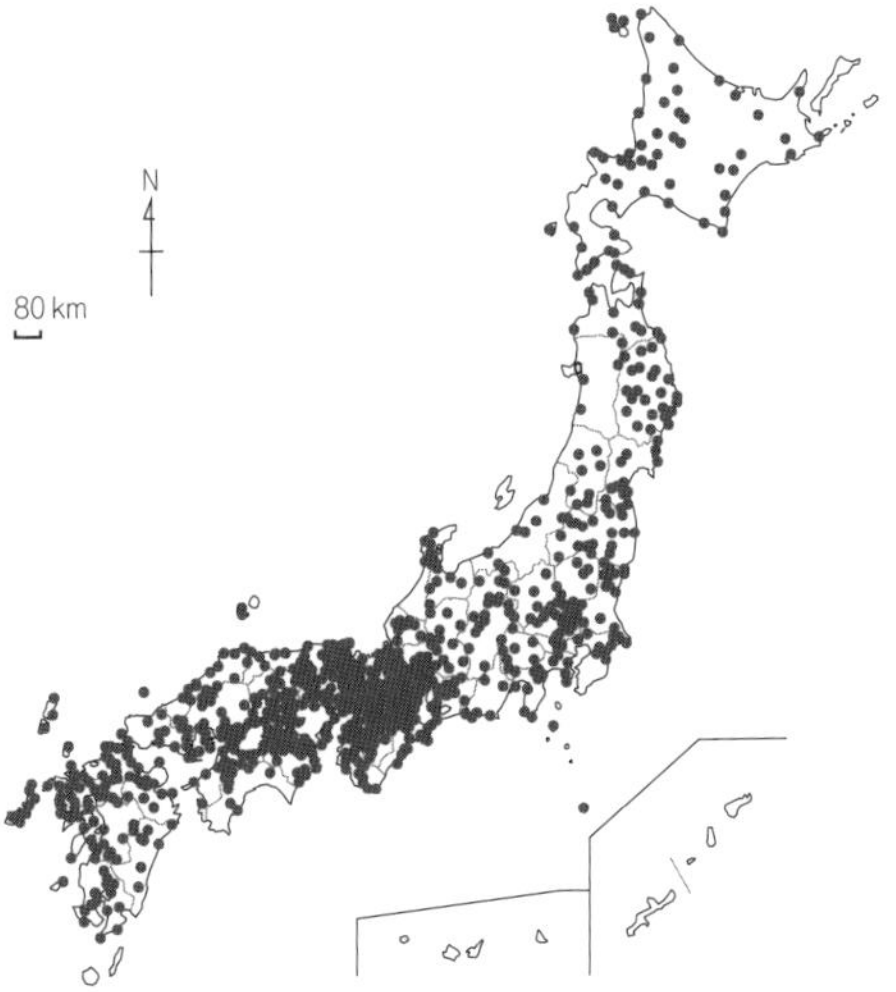

図 9-2e　デデムシ系

に中心＝畿内＝京あたりの分布が濃い。図９−２ｄのマイマイは関東東海の太平洋沿岸と山陰九州の日本海側に分かれていて、やや内側の同心円と言われれば、そうかもしれないという雰囲気がある。

結局のところ、「同心円」らしさを感じさせるのは、ナメクジとマイマイに限られ、それ以外を「同心円」と明言するには躊躇させられる。少なくとも先入観なしにこれらの分布を見たなら、五重の同心円とは凡人は思いもよらない。「かたつむり」の分布図から同心円を見て取るには、柳田のようによほどの才能が必要なのだ。

同心円の位置

円を描くときに使う道具はコンパスである。柳田が「蝸牛考」を最初に学会誌に掲載したときは「ぶんまわし（ぶんまはし）」ということばを使って説明した。[4]「ぶんまわし」はコンパスのことである。コンパスで円を描くときには針を置く。いうまでもなく、この針の位置が円の中心である。

『蝸牛考』の方言周圏論が想定する同心円の中心は、日本の歴史的中心地である畿内であり、もっとも長く都のあった京である。それでは京のどこが中心なのか。文化や政治の中心から広がるというこれまでの方言周圏論の想定に依って立つなら、京都御所の位置をそこと見なすことに異存はないだろう。

先ほどは、地図に現れる分布の形（図9-2a～9-2e）をもとに同心円を検討したわけであるが、そのような方法に問題があるのかもしれない。中心（京都御所の位置）からの距離をはかり、どのくらいの距離のところに、「かたつむり」の各系が分布しているかを調べるなら、同心円的配置が明らかになるかもしれない。

	京都御所からの距離（km）			
	最近	最遠	平均	中央値
ナメクジ系	99.2	1207.1	563.5	553
ツブリ系	42.7	1697.9	788.9	629.6
カタツムリ系	25.8	1236.4	415.3	378
マイマイ系	74.7	1238.5	347.3	318
デデムシ系	2.2	1283.4	335.6	266.1

表１　「かたつむり」を表す方言形各系分布域の中心（京都御所の位置）からの距離（『日本言語地図』に基づく）

そこで、全体の中心（京都御所の位置を想定）から各系の分布領域までの距離を計測してみた。それをまとめたのが、表1である。

地図で見たのと同様にツブリ系は、最遠地点も平均距離も中央値もともにもっとも中央から離れている。表に示した数値に従い、中心から遠い順に並べると次のようになる。

最近地点	ナメクジ系－マイマイ系－ツブリ系－カタツムリ系－デデムシ系
最遠地点	ツブリ系－デデムシ系－マイマイ系－カタツムリ系－ナメクジ系
平均距離	ツブリ系－ナメクジ系－カタツムリ系－マイマイ系－デデムシ系
中央値	ツブリ系－ナメクジ系－カタツムリ系－マイマイ系－デデムシ系

『蝸牛考』の想定に近いのは、平均距離と中央値である。ただし、マイマイ系とデデムシ系の平均距離の差は、たかだか十二キロメートルである。歩けば三時間だ。『蝸牛考』が対象としたのは、そんな微細な問題だったのか。

次に視点を変えて、各系はどの程度の距離のあたりに多く分布しているのかを見てみることにする。距離を区分して、それぞれの区間に分布する地点数をグラフにすれば、デデムシのピークがもっとも近いところに現れ、ナメクジのピークはもっとも遠いところに現れるといったことが見えてくるのではないかと期待するわけである。つまり、度数分布による確認である。ただし、現れる地点数を単純に頻度として扱ってしまうと各系の地点数はかなり異なるため、[5] グラフにするとピークが見えづらくなる。そこで各系の中での割合をもとに相対度数として扱い、グラフにしたのが図9-3（p.172）である。[6]

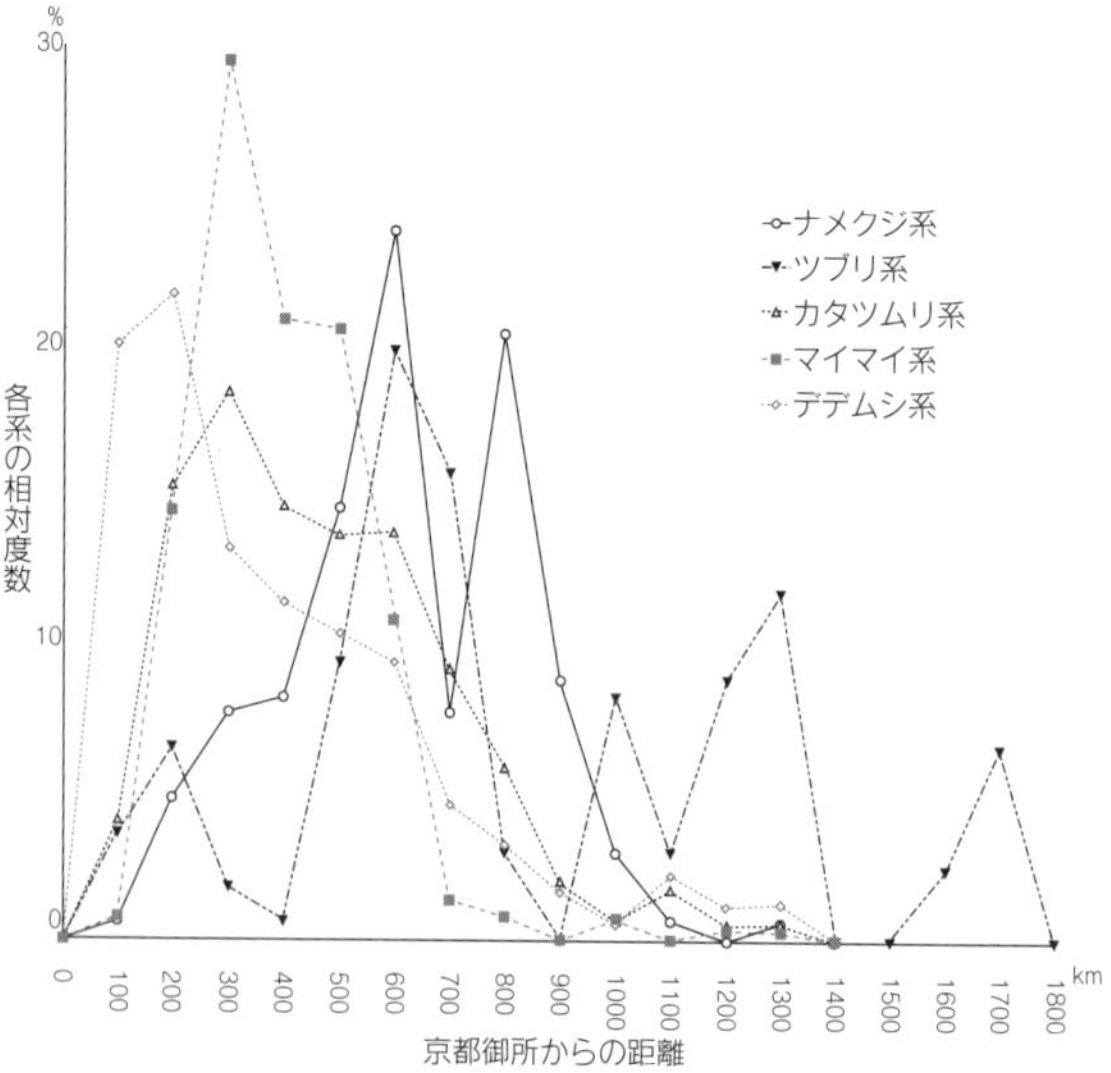

図 9-3 「かたつむり」における各系の相対度数と京都御所からの距離（『日本言語地図』に基づく）

地図で見た際と同様にツブリ系のピークがナメクジ系よりも遠いところにある。同時にわかることは、ツブリ系とナメクジ系のピークはいくつもに分かれており、単純な同心円は想定しづらい。ピークの最大位置に注目すると、遠いところから順にツブリ系―ナメクジ系―カタツムリ系＝マイマイ系―デデムシ系となっていて、『蝸牛考』の想定と大きくは矛盾しないといえなくもないが、カタツムリ系＝マイマイ系とデデムシ系のピークの距離差は（度数分布の区切りで設定した最小単位の）一〇〇キロメートルである。東京駅からだと前橋、水戸、甲府くらいで、京都駅からだと和歌山、姫路、伊勢、名古屋くらいの範囲に、主要五系統のうちの三系統までが納まってしまうことになる。この程度の距離に悠久の時の流れを見いだすのは、正直苦しい。

結局のところ、これらから導き出されるのは、方言周圏論の出発点である「かたつむり」の分布には、「周圏」的性質を高らかに謳うための客観的根拠が乏しいという事実である。理論が根ざすところの分布が、そもそも想定する形状と位置にないのなら、いくら議論を重ねたところで不毛である。

2　ことばの変化と地理空間

中心と連続

方言周圏論では、中心地を想定することが欠かせない。さらに方言周圏論では、前節（p.162）に引用した東條による説明のように、その中心地ではことばの変化がよく起こると考える。このようなことは方言学では常識として理解されてきたはずだ。中心地がそういう特徴を持っているということは、反対に中心地以外はあまり変化が起こらないということになる。そのような場所によることばの変化の差異については、中心地で変化が起こることが当たり前だと信じられているためか、ほとんど研究されていない。この点について、検証してみよう。

方言分布の経年比較研究（ＦＰＪＤ）で対象とした中から全国一〇六地点（対象項目数五〇）のデータをもとに、三十～五十年間に同じ場所でどの程度ことばの変化が起こったか、すなわちことばの変化の発生率（変化率）を見る。(7) 人口密度が高いところは都市的性格が強いと考えられる。方言周圏論では、このような都市性の高いところを「（文化の）中心地」、つまり、ことばの変化の発信源、周辺部に向けた放射の基地と想定してきた。全国を対象にした『蝸牛考』は畿内＝京を中心地として扱ったが、後述するように方言周圏論を継承する研究では畿内に限らず、各地方・各地域にそれぞれの中心地があると考える。

人口密度が高いところは「中心地」として、ことばの変化の発生率が高く、人口密度が低いところは変化の発生率が低いという関係が現れるのではないかと考えられる。そこで、縦軸に変化の発生率、横軸に人口密度を与えたグラフを作り、データをそこに載せれば、景気のよい右肩上がりの線が現れると期待されるわけだ。ところが、図９-４（p.175）が示すようにそのような関係は確認できない。

もっとも、方言周圏論の想定していることを再考してみると、中心地の変化が順次伝わるのなら、（新しい変化なのか古い変化なのかを問わず）変化の頻度そのものは、どこをとっても大差はないことになるはずだ。なぜなら、中心地でＢからＣに変化する同じ頃に、周辺部ではその一つ前のＡからＢへの変化が起こっていることになるだろうからである。そうだとすると、中心地であるか、そうでないかを問わず、変化の発生率には大差はないだろうから、グラフはほぼ横一線を示すと考

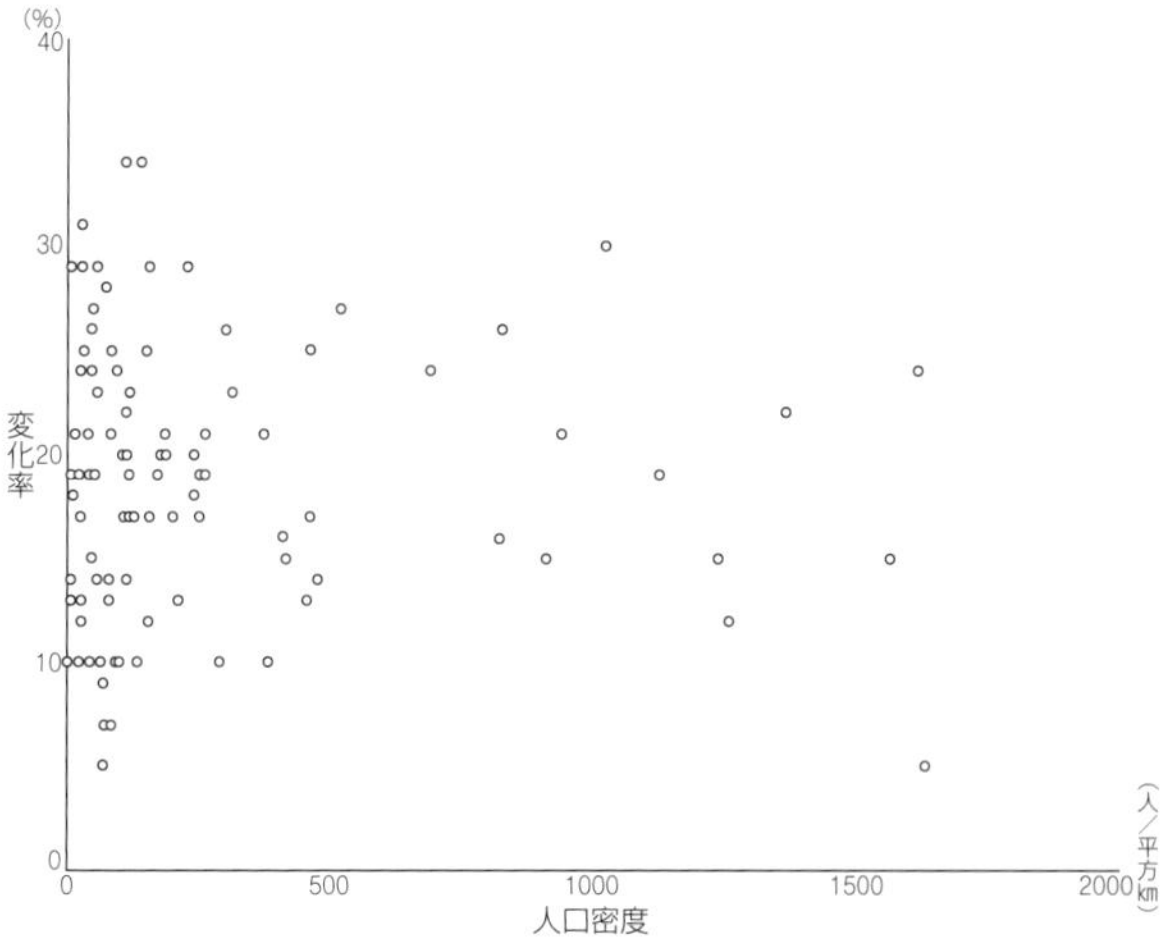

図9-4　人口密度と言語変化

えられる。ところが、図9-4が示すように変化率にはかなりの幅があり、「横一線」とはとても言い難い。結局のところ、恒常的に牽引役を果たす中心地を定量的に説明することも、変化が場所を問わず一定であることを証明することもできそうにない。

それにもかかわらず、定まった中心地があると（強引に）想定してみる。そこで発生した変化が、順次連続的に伝わっていくという考えは、そもそも成り立つのだろうか。交流のある場所で発生した変化を耳にし、その変化を受け入れることでその地域のことばが変わることは確かにある。方言周圏論で重要なのは、その方向と地理空間上の位置関係（配列）に相関があることを前提とする点だ。

方言周圏論が中心地の指標として想定する「文化」に関して、そのレベルが高いところ、少し高いところ、中くらいのところ、少し低いところ、低いところが順序よく並んでいるなら、この順番で伝わっていくのかもしれない。しかし、現実世界はそんなふうにはなっていない。京都が高く、高槻が少し高く、大阪が中くらいで、西宮が少し低く、神戸が低い、などといったことは、政治家の失言でもなかなか聞けそうにない。

ここでふたたび、客観化が難しい「文化」を「都市性」に置き換え、その都市性を人口密度でとらえてみよう。近畿から西方に向かうと、京都、大阪、神戸、岡山、広島、下関…と、街が順次位置している。しかし、これらが西に向けて人口密度の高いところから低いところへと向かって並んでいるわけではない。またそれぞれの間には人口密度の低いところがある。現実世界の「文化」は、ガタガタの上り下りなわけである。このことは、もっと狭い地域を対象にしても同じで、集落ごとの人口密度の配置がきれいなピラミッド構造を示すことのほうが稀なはずだ。つまるところ、中心に近いほど「文化」的で、離れるほど非「文化」的というような中心性と距離の相関の想定は、現実にそぐわない。

飛び火と線香花火

そこで導入されたのは、「飛び火」という考え方である。ガタガタのへこみのところは飛ばして、頂点から頂点に伝わることがあるとするもので、「飛び火的伝播」と呼ばれる(8)。

これとは別に(ただし、中央と地理的連続性を持たないという点では飛び火と共通する)各地で発生する変化もそれぞれの地域の拠点的な場所が出発点となるとする考え方がある。本書の第3章や第6章で扱ったような、各地で独自に発生する（例えば、活用の）変化も、それぞれの地域の拠点的中心地で発生し、そこから周辺に連続的に広がるとする。いわばミニ周圏論的考え方である[9]。あちこちで発生する変化が枝先から広がる線香花火のようなイメージである。

飛び火が頂点どうしの伝播に限定されると、広く理解されているのかどうか、厳密なところはよくわからない。頂点かどうかは問わず、人間の交流を通して新たなことばが導入されるということからすれば、飛び火は特に珍しいことではないはず（むしろ、そのほうが普通ではないかとも思われる）だが、方言周圏論においては、わざわざ「飛び火」と名付けられていることから、例外的に扱われているのは確かである。一方、線香花火は各地の拠点からの拡散が主張されているが、本当に発生場所が拠点的地位を有しているのかについては、検証されていない。

それでも蛇の目はある

柴田武先生の『言語地理学の方法』[10]は、方言分布研究の分野の名著である。方言周圏論を提唱した柳田の『蝸牛考』も名著であるが、具体的な研究方法を示さない『蝸牛考』は、その後の具体的な研究や学術論文の生産に結びつきにくかった。それに対して、新潟県糸魚川地方で実施したフィールドワークをもとに、調査の方法から地図描画の基本、そして分布の読み取り方まで示した『言語地理学の方法』は、多くの調査研究、論文、著書、方言地図集を生み出す原動力となった。日本の方言学が編んできた言語地図の量は世界最大と見られ[11]、また人文学でこれほどの地理的情報を生み出し、また所有する研究分野はおそらく他にないと思われる。

『言語地理学の方法』が示した最大の功績のひとつは、分布から歴史を読みとるという解釈方法をモデル化して明示したことにある。複数示された手続きのうち「隣接分布の原則」と「周辺分布の原則」の二つ（図9-5）は、わかりやすさと汎用性により、広く受け入れられ、継承された。

隣接分布の原則は、隣り合うaとbの2地点それぞれに語形AとBが分布している場合に地点aが文化の中心地なら、B→Aという歴史が求められるとするものである。このように分布が歴史を反映するのは、中心地から周辺にことばは伝播し、かつ中心地ではことばが先行して新たに変化するからである。これはさらに地点bの外の地点cにある語形Cやさらに外にある地点dの語形Dにも広げて考えることができ、この場合、D→C→B→Aという歴史が求められるとする。

周辺分布の原則は、隣接分布の原則を前提とし、地点abcに語形がABAのように分布していて、地点bが中心地なら、A→Bという歴史が求められるとする。中心地から周辺に向けて、ことばは線ではなく、面として伝播するからである。こちらも隣接分布の原則同様の敷衍が可能であり、ABCDCBAのような分布があって、Dが使われている地点が中心地なら、A→B→C→Dという歴史が求められるとする。

理解されるとおり、これは方言周圏論と基本的に変わらない。ただし、ABAのような同心円にこだわらずに、ABのような分布の並びからでも歴史を求めることができるとしたのは、小さなことのようでありながら、大きな展開であった。

隣接する二つの共同体の一方に変化が発生した場合、ABのような分布ができるというのは、前

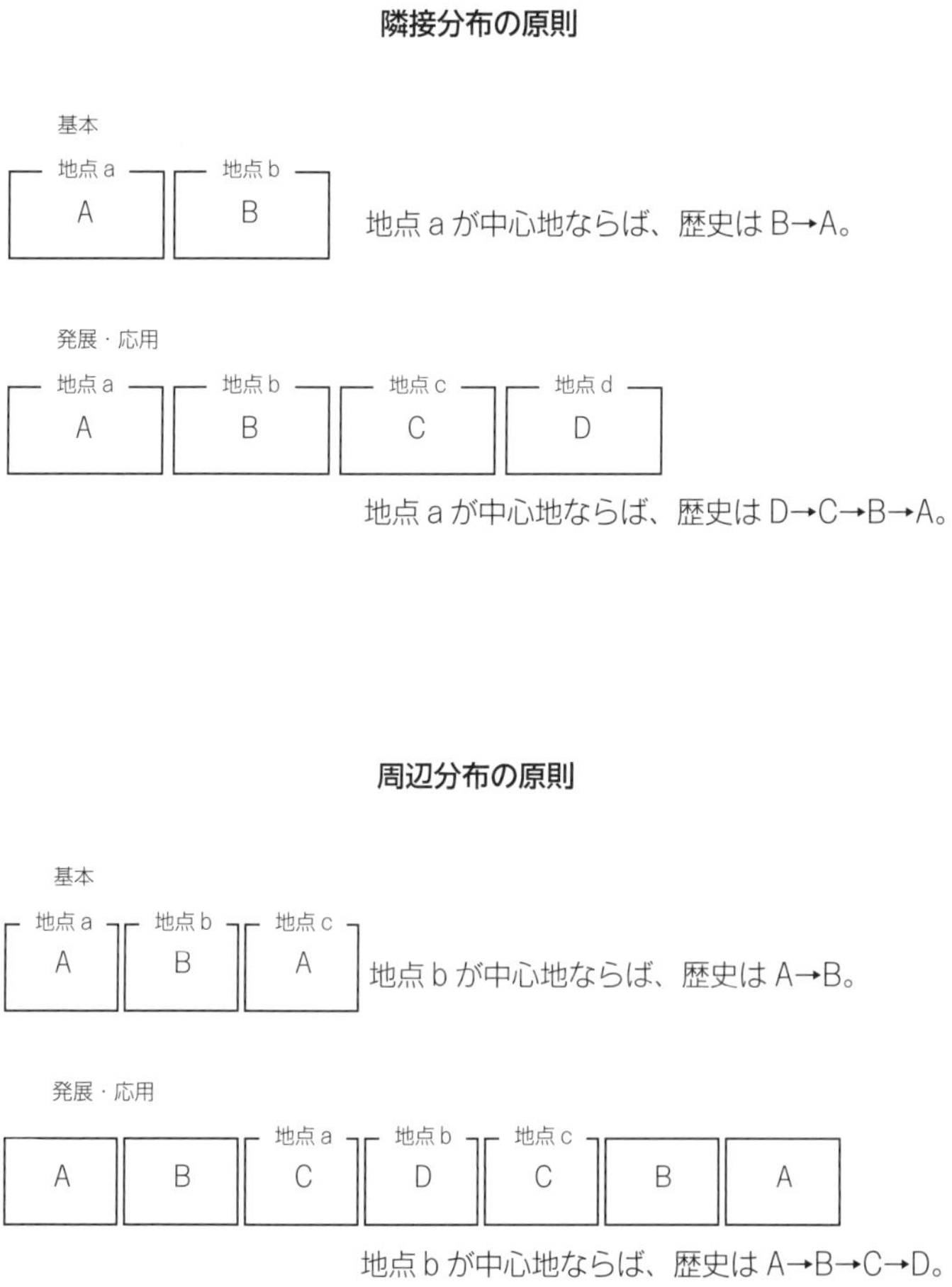

図 9-5　隣接分布の原則・周辺分布の原則

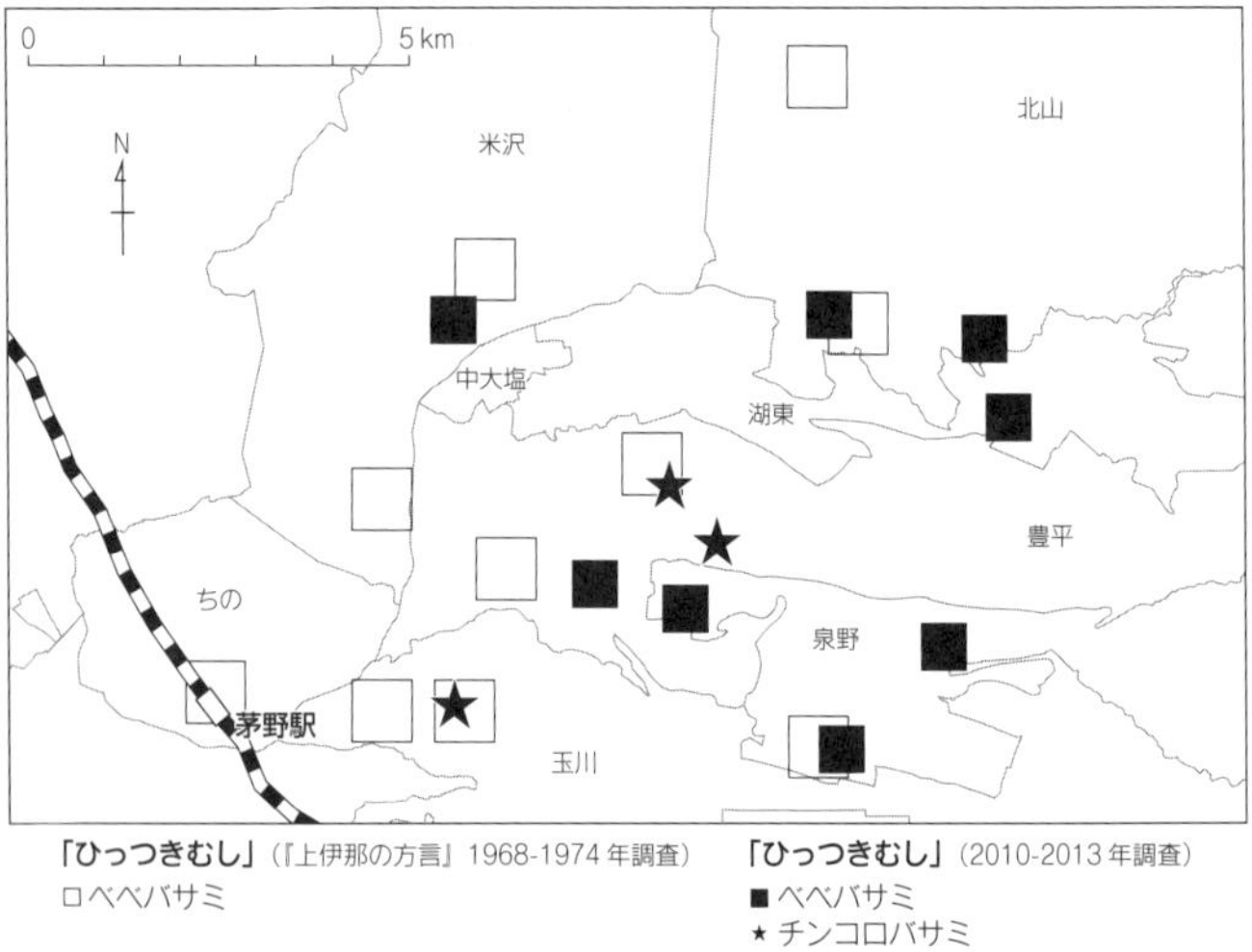

図9-6　長野県茅野市における「ひっつきむし」の方言分布の40年間の比較

章で説明した図8-1（p.152）に該当する。これをもう少し広げて、同じことばを使っていた三つの共同体のうちの真ん中、もしくは同じことばを使っていた共同体に囲まれた真ん中の共同体で変化が発生したなら、ABAのような分布ができるのは確かである。

図9-6には長野県茅野市の「ひっつきむし」の名称の分布の四十年の変化を示した[12]。夏の終わりから秋にかけて、野山に出かけると、ズボンの裾やシャツの袖にたくさん付着する植物の種である。『上伊那の方言』[13]で発表された馬瀬良雄先生たちによる四十年前の調査結果に基づく地図によると、茅野市一帯はべべバサミと言っていた。四十年後のわれわれの調査では、べべバサミも使われているが、その領域の中に四十年前にはなかったチンコロバサミが現れている[14]。

新たに生まれたチンコロバサミに注目するなら、べべバサミ―チンコロバサミ―べべバサミという、ＡＢＡに当たる分布、面でとらえれば真ん中に新しい分布ができる蛇の目型の分布模様が生まれることは確実にあるのだとわかる。年齢と地域を組み合わせたグロットグラムを使うと、うまくすれば斜めの等語線がとらえられるかもしれない(15)。

蛇の目はどこでも生まれ、めったに繰り返さない

問題はこれらの発生地が「中心地」とは限らないことである。実際、「ひっつきむし」のチンコロバサミが発生した地点のうち、南西の集落は比較的開けたところにあるが、中央部南側に位置する集落は相対的にあまり便が良くないところにある。中央部北側の集落は、特段に街場でもないし、辺境でもない。あえて言えば普通の農村である。つまり、発生地は、中心地的なところもあればそうでもないところもあり、「中心性」を基準にする限り特に傾向が見いだせない。

以上を踏まえると、同じ場所が繰り返し言語変化の出発地点となることは、きわめてまれではないかと考えられるのである。少なくとも、常に特定のところで言語変化が最初に発生し、そこから放射状に広がるということは現実にはほとんどないのではないか。そうだとすれば、隣接分布の原則や周辺分布の原則が拡張的に想定した何回にもわたる連続的な放射（図9-5における「発展・応用」）は、まったくないとまでは言わないが、めったに起こらないだろうと考えられる。事実、全国ならびに、富山県庄川流域、長野県伊那諏訪地方のような特定地域を対象に三十年〜五十年の時間間隔を持たせた方言分布の経年比較を行っているが、今のところ、同じ場所で二段階以上の初

期変化が起きた事例はとらえられていない。むろん、この研究は最長でも半世紀という期間の限定はあるので、このデータをもって完全な証明ができたことにはならない。今後も継続的研究が必要だ。

以上のような考察や観察を経て、方言周圏論、そして実質的にそれを引き継ぐ隣接分布の原則、周辺分布の原則から距離を置くにいたったのが、筆者の立場である。したがって、方言周圏論について肯定的には扱っていない。ただし、方言周圏論に従わない筆者の考え方は、方言学の中では、まだ一般的ではなく、今も多くの方言学者たちは、方言周圏論に信頼を寄せていることを断っておく。

3 言語地理学

「俚言」と「方言」の地理

個々の語の分布はひとつひとつ違う。それぞれが個性を持ち、同じものはない。それはあちらこちらで新しいことばが生まれ、また、よその町や村のことばが新しいことばとして導入され、そのことで新しいことばの分布ができると同時に古いことばの持っていた分布が変わっていくからだ。

新しくできる分布は、適宜、共同体の中に広がっていくが、共同体には、さまざまな種類と構成があり、どの共同体の範囲に広がるかは（将来の研究の中では解明されていく可能性はあるが）現時点では予測不可能である[16]。しかも、その変化の内容や時期は個々ばらばらである。これらを積み重ねることで、それぞれの地図は独自の分布模様を持つことになる。

このように一枚一枚の方言地図が示す分布が異なるのは確かなのであるが、興味深いのは、しばしばそれらの地図を通して類型が見いだされることである[17]。

個々の分布は、多様な共同体の存在を背景にしながら、いくたびかの変化を経て形成されてきたことを述べた。その共同体は、多様かつ複雑ではあるが、無限の存在ではない。おのずとそこには一定規模の構造が存在し、それが方言の分布類型に集約されて現れてくるのではないだろうか。そして、この類型こそが、方言区画である。

第1章で述べたように、方言周圏論と方言区画論は互いに相手を方言学の主目的に位置づけることを否定しあった。ところで、方言学の究極の目標は何であろうか。天文学の究極は宇宙の始まりと果ての解明にあるらしい[18]。すでに三十年以上も前のことだが、教養部から文学部に進学したとき、人文学の目指すところは、人間とは何かを明らかにすることにあると、当時の文学部長の先生から訓示を受けた（そのことはよく覚えているのだが、当時の文学部長の先生がどなただったのか、失礼ながらまったく記憶にない）。総合学習と呼ばれるものであろうか、中高生の訪問を受けることがある。そのときに投げかけられる質問のトップは「なぜ方言はあるのか」である。実は、この素朴な疑問こそが、方言学の究極の目標である。すなわち、なぜことばの違いとしての方言があるのか、どうして方言がそれぞれの場所で使われるようになったのかの解明である。

ここに来て、たどる道は違っていても、方言区画論と方言周圏論の両者の目指すところに差はなく、ともに方言学の究極の目標に向かっていたことにようやく気付く。方言区画論については、研究者でも、方言の分類をする整理方法のように受け止めている人がいて、驚かされるが、そうではない。個々の方言を言語として総体的に記述し、それぞれの方言がどのようにして成立したのかを解明するのが、方言区画論である。[19]『蝸牛考』からも理解されるように、方言周圏論は、個々の語の分布と歴史の解明を目指す。方言学の究極の目標達成のためには、多様な俚言の分布とそれらを支える方言区画を総合的にとらえる観点と思考が必要である。それには、当然のことながら、その背景にある人間の活動、人間の社会に対する洞察が要求される。このように考えるなら、本来、方言周圏論と方言区画論は最終的な目標を異にするものではなかったことが理解されるだろう。そして、双方をつなぐのは、方言を生み出し、ことばとしてそれを使う人間、地理空間の中で生きる人間の存在である。

古典言語地理学

本書は、場所によることばの違いとしての方言について、地理空間ならびにそこに暮らす人間の活動や思考、また社会とことばとの関係に基づいて考えてきた。したがって、ここで実行したことは、ことば（言語）、そして方言の地理学と言ってもよいだろう。

ところが、このような研究を「言語地理学」と断定的に名付けて呼ぶことは、ためらわれるのである。なぜなら、言語地理学は次のような学問であると、先にも挙げた柴田武先生の『言語地理学の方法』で定義されているからだ。

「言語地理学は言語史の方法の一つである。したがって、言語地理学の目的は言語の歴史を明らかにすることにある。[20]」

「言語地理学は言語史の方法の一つである。現代の話しことばの地域的変種を材料に言語史を推定・構成する方法である。[21]」

つまり、地理ではなく歴史なのだ。ここには、方言の分布を解明し、その情報をもとに歴史を推定する方法を確立させることにより、ことばの地理的側面を研究する意義を明確にする意図が込められている。それを礎として、一九七〇～一九八〇年代の研究を発展させた『言語地理学の方法』の意義は極めて大きい。その点は十分に認識しているつもりではあるが、ここまで絞り込まれた研究の位置づけでは、あまりに手狭になってしまった。分布をもとに研究できる方言のさまざまな側面が見えてきたのに、この定義のままでは、それらがこぼれ落ちてしまう。

方法や思考の背景はとりあえず措くとして、歴史の解明は重要である。しかし、方言の地理的側面から解明されることは、それだけではないはずだ。本書で扱ったことに限っても、敬語の運用に見られる家族制度や、自然観のことばへの反映など、いろいろな角度からの取り組みがありえる。

それらを歴史研究から外れるから、言語地理学ではないと排除することが健全な学問のあり方とは思えない。経験的に言って、学問は成熟とともに排除の道をたどり、自らの行き先を絞り込むことで面白さを失っていくことが多く、同じ轍をこの分野も踏んでいるようだ。

その後の発展をうながした柴田先生が提唱したからといって、半世紀前の定義にいつまでも縛られる必要はないだろう。そもそも、これほど人文学が激動する時代にあって、半世紀も基本方針として理念的な地位を保ち続けたことは賞賛に値することである。決して、その成果を捨て去る必要はない。古典言語地理学としての蓄積は十分にある。そして、いよいよ次のステップに進む時期が来たのである。

新たな言語地理学を切り拓く

それでは言語地理学は、どのような学問であるべきなのか。何も難しいことではない。ことばの地理的側面、すなわち、方言分布を対象とする研究を広く言語地理学とするだけのことである[22]。ただそれだけで、道は開ける。俚言と方言のいずれかでなければならないとこだわる必要はない。方言の地理も俚言の地理も対象にして構わない。限定する必要はまったくない。それらを通して、なぜ方言・俚言があり、なぜそこでその方言・俚言が使われているのかを解明していけばよい。

言語地理学は二〇世紀初頭に生まれ、同世紀の半ば以降に大きく展開した新しい学問である。その中でもっとも反省すべき点はどこにあったかを考えてみると、モデル化にこだわりすぎたのではないかということが浮かび上がる。方言分布というのは、ことばの研究の中でも特異な分野であるとともに、複雑な性質を持つ。そこでモデル化を通してより簡潔な切り口を設定したわけであるが、わかりやすさの持つ二面性があまりよくない形で出てしまった。

隣接分布の原則、周辺分布の原則、方言周圏論、飛び火、線香花火、いずれもが、多かれ少なかれ過剰なモデル化に陥ってしまっている。それらが欠落させた最大の対象は、方言ということばを使う「人びと」である。(23)

思うにこれまでの言語地理学は、幾何学的志向に寄りすぎていた。伝播の方向や速度などという形で、ずいぶんとこだわってきたが、それは分布をさまざまに考えた上で後からわかるはずのもので、本来ここを出発点にしてはいけなかった。分布として扱う空間は手段なのであって、基準ではない。ここを取り違えると、幾何学的志向を強めすぎ、ついには疑似科学に陥る危険性を伴う。

地理空間上の分布を扱う以上、地図は重要な手段である。しかし、矛盾するようだが、地図を通して分布だけを見ることは危険である。地図を通して方言分布だけを見るのが言語地理学ではない。そこには人々がいて暮らしている。地図上の方言分布は、そもそものような人が存在して、そのような人の属性のひとつを表しているのだということを忘れてはいけない。

言語地理学は、ことばと人間の諸側面との関係について地理空間を通して考え、人間とは何かという問題に接近することを目指す。この再定義の下、言語地理学の裾野を少しずつ切り拓きながら歩みを進めていくことにしよう。日本語学、国語学、言語学といったことばの研究だけではなく、地理学、歴史学、民俗学、社会学、そのほかさまざまな研究分野との交流も必要になってくることだろう。未知のことがらとの出会いは実に楽しく、歩み続けることが喜びとなる。

歩きながら考えよう。わからないことは道行く人に尋ねればよい。方言調査をしているとき、おじさんやおばあさんから聞く、なんでもない話の中に解決の糸口が見つかることはよくあることだ。こんな旅が続くのだ。おもしろそうだと思った方は、どうぞごいっしょに。おしゃべりしながら歩くのもまた楽しいことでしょう。

【注】

（1）注4にも記すように柳田自身は「蝸牛考」の原論文では、「ぶんまわし」の例をもって端的かつ明解な説明を行っているものの、単行本ではこの部分が省略されている。

（2）東條（一九五七、一八頁）参照。

（3）『日本言語地図』236・237・238図のデータをもとに描き直した地図である。もとの『日本言語地図』の分布図は三枚の地図に分かれており、全体を一度に見渡すのは、なかなか苦労する。「かたつむり」の分布を一枚にまとめた地図として、徳川宗賢編（一九七九）『日本の方言地図』（一五頁）と佐藤亮一監修（二〇〇二）『方言の地図帳』（二七五頁）があるが、いずれも地点を間引くなどして簡略化がはかられている。本書に挙げた地図では、『日本言語地図』における凡例上の見出しに四地点以上が対応する見出しはすべて取り上げた上で（ただし複数の見出しを一つにまとめるような整理は行っている）、三地点以下の見出しは「その他」として取り扱い、地点の間引きは行っていない。『日本言語地図』のすべての地点を取り上げている点で、世界でもっとも詳しい「かたつむり」の一枚図である。

（4）『人類学雑誌』に掲載された際には「若し日本が此様な細長い島で無かつたら、方言は大凡近畿をぶんまはしの中心として、段々に幾つかの圏を描いたことであらう」として説明しているが（第二回、一六六頁）、柴田武による岩波文庫版の解説にも書かれるとおり、この説明文はその後の単行本には見られない。

（5）最多のデデムシ系が八八五地点であるのに対し、最少のナメクジ系とツブリ系は一七二地点であり、約五倍の開きがある。

（6）基本的にはヒストグラムなので、本来は棒グラフで描くのがよいのは確かである。ただし、棒グラフにすると図の重なりにより、各系の比較がしづらくなる。そこでここでは線グラフで描いた。

（7）対象とした地点は『日本言語地図』（LAJ）ならびに『方言文法全国地図』（GAJ）と二〇一〇年代に行った全国方言分布調査（FPJD）の三者において、行政区画（市区町村）が重複しているところである。人口密度は一九八五年（おおむね『方言文法全国地図』の調査時期に該当）の国勢調査における各行政区画のデータに従う。対象項目は変化の発生がある程度予測できるものやデータの扱いに困難が生じにくいもの（例えば地図が複数に分かれていたりするとデータは扱いにくくなる）を対象とした。地点ごとに、LAJとFPJD、またGAJとFPJDの対象項目をひとつずつ比較し、変化が発生しているかどうかを確認した。対象項目全体の中で変化した項目の占める割合を変化率（ことばの変化の発生率）として扱う。

（8）佐藤（一九七七、一九八二）、徳川（一九七二）参照。

（9）小林（二〇〇二）、小林（二〇〇四、五六二頁）参照。

（10）柴田（一九六九）参照。

（11）Lameli, *et al*（2010）参照。

（12）「ぬすびとはぎ」として調査しているが、実際の回答は、衣類への付着性を持つさまざまな植物の種子が含まれているので、ここではそれを指す「ひっつきむし」として扱う。また理解しやすさを優先し、語形を絞って地図に搭載したが、実際には、他にいくつかの語形があることを断っておく。

（13）馬瀬（一九八〇）参照。

（14）四〇年前からあったべべバサミのべべは衣類を指す語で、べべバサミは衣類に付着することに基づく。ところがべべは女性器と同音語であった。そこで本来とは異なる語源解釈を介して、男性器名を取り込んで生み出されたがチンコロバサミである。このように語源解釈がことばを変化させる現象は、民間語源もしくは民衆語源と呼ばれる。なおチンコロバサミはほぼ同等の標高域で使用されており、その背景には等高線に沿って形成される婚姻圏にともなうつながりが効いている可能性がある（Onishi, 2016）。

（15）グロットグラムとは、空間的配列と生年を二つの軸とし、使用することばを両軸の交差する位置に記号化して配置することで、ことばの使用の地理と世代の関係を視覚化する方法である。徳川（一九八五）が報告した糸魚川地方早川谷調査の研究で初めて使われた。この名称は、その共同調査の折に生み出されたもので、和製欧語ともいうべきものであるが、近年はその手法が海外でも導入され、欧米で開催される学会でもこの語が用いられることがある。隣接する地域から連続的に新形式が伝播し、受け入れた側で下の世代に向けて受け継いでいけば、グロットグラムの上に変化が傾斜状に現れることになり、「斜めの等語線」と呼ばれる。ただし、筆者の知る限り、そのようなケースは確認されるものの、かなり少なく、一般性は乏しいように思われる。

(16) ネットワーク論は人間どうしの関係に焦点をあてた研究分野であり、近年めざましい展開を見せている。この分野の展開によっては、将来は予測や検証が可能になるかもしれない。それにあたっては、ことばの研究の側からの有機的アプローチも欠かせない。とりわけ、単に関係があればそれが影響という結果をもたらすものではないことを明らかにしたグラノベッター(二〇〇六)の「弱い紐帯の強さ」(原文は一九七三年に発表)といった概念はこの分野では古典的なものながら、外的変化による方言分布の形成を考えるにあたっては重視する必要がある。

(17) 例えば、真田(一九七九)は富山県庄川上流域の単語の分布を扱いながら、同時に上流部と中下流部で分布が分かれる類型が見いだされることを述べる。また、本章で先に参照した馬瀬(一九八〇)は言語地図集であり、二〇〇枚以上の地図により個別の語の分布が提示されるが、同時にそれらを通した類型があることを記述する。

(18) 松井(二〇一五)参照。

(19) 東條(一九五四、一四頁)に「全国の各方言について、まず体系的な研究を行うのであるから、各方言の記述がほぼ終つた暁には、これらの方言を比較して、その体系の差異を調べ、その相互関係をただし、その分裂の順序を推論し、国語の全貌を地理的区画によつて明示し得るようにならなければならない。これが方言区画論である。」と、明記されている。

(20) 柴田(一九六九、一一頁)参照。

(21) 柴田(一九六九、二七頁)参照。

(22) 大西(二〇一四)も参照。

(23) 一九九八年に国立国語研究所の創立五〇周年を記念する研究発表会が開催され、方言分布に関する研究発表を行った。発表のすぐ後、柴田武先生が、研究所の廊下で個人的に、発表の論旨は興味深いが、君の言語地理学には「人」が見えない、言語地理学は他の言語研究と違い、民衆のことばを対象にしていることを忘れてはならない、という趣旨の評を与えてくださったことが、ずっと心のどこかに残っている。

【参考文献】

大西拓一郎（二〇一四）「言語地理学と方言周圏論、方言区画論」小林隆編『柳田方言学の現代的意義―あいさつ表現と方言形成論―』（ひつじ書房）一四五〜一六二頁
グラノベッター、マーク・S（二〇〇六）「弱い紐帯の強さ」（大岡栄美訳）野沢慎司編『リーディングス ネットワーク論』（勁草書房）一二三〜一五八頁
小林隆（二〇〇二）「日本語方言形成モデルのために」馬瀬良雄監修『方言地理学の課題』（明治書院）二四八〜二六一頁
小林隆（二〇〇四）『方言学的日本語史の方法』（ひつじ書房）
佐藤亮一（一九七七）「物の伝来と名称の伝播―渡来作物名をめぐって―」『言語生活』三一一、四〇〜四八頁
佐藤亮一（一九八二）「方言語彙の分布―「日本言語地図」に見る」佐藤喜代治編『講座日本語の語彙 八 方言の語彙』（明治書院）五七〜八二頁
佐藤亮一監修（二〇〇二）『方言の地図帳』（小学館）
真田信治（一九七九）『地域語への接近』（秋山書店）
柴田武（一九六九）『言語地理学の方法』（筑摩書房）
柴田武（一九八〇）「解説」柳田国男『蝸牛考』（岩波文庫）二二三〜二三五頁
東條操（一九五四）「序説」東條操編『日本方言学』（吉川弘文館）一〜八六頁
東條操（一九五七）『方言学の話』（明治書院）
徳川宗賢（一九七二）「ことばの地理的伝播速度など」服部四郎先生定年退官記念論文集編集委員会編『現代言語学』（三省堂）六六七〜六八七頁
徳川宗賢編（一九七九）『日本の方言地図』（中公新書）
徳川宗賢（一九八五）「地域差と年齢差―新潟県糸魚川市早川谷における調査から―」国立国語研究所『方言の諸相―『日本言語地図』検証調査報告―』（三省堂）九一〜一五五頁
松井孝典（二〇一五）『宇宙誌』（講談社学術文庫）

馬瀬良雄（一九八〇）『上伊那の方言（上伊那誌　第五巻　民俗編下）』（上伊那誌刊行会）
柳田国男（一九二七）「蝸牛考」一～四『人類学雑誌』四二-四・四二-五・四二-六・四二-七、一二五～一三五頁・一六二～一七二頁・二二三～二三三頁・二七三～二八四頁（柴田武・加藤正信・徳川宗賢編（一九七八）『日本の言語学　六　方言』（大修館書店）に再録）
柳田国男（一九三〇）『蝸牛考』（刀江書院）
Lameli. Alfred, Kehrein. Roland and Rahanus. Stefan ed.（2010）*Language and Space: Language mapping*. Berlin and New York: De Gruyter Mouton.
Onishi, Takuichiro（2016）Timespan comparison of dialectal distributions. In: Marie-Hélène Côté, Remco Knooihuizen and John Nerbonne ed. *The Future of Dialects*, pp. 377-387. Berlin: Language Science Press.

あとがき

「方言はなぜそこにあるのか」という素朴な疑問をめぐって、そしてそれに答えるために筆者自身がおこなってきた研究を紹介しました。興味を持って読み進めていただけましたでしょうか。

ここで、出発点を再確認しましょう。「方言はなぜそこにあるのか」という疑問に対する答えは、十分に示すことができたでしょうか。

それに対する回答は、残念ながら「まだ」です。本書では、いくつかの事例に対する分析やそれらの基盤となる考え方を示しました。これらを通して、徐々に核心に近づいているという手応えを感じてはいます。しかしながら、とりわけ具体的な分布領域のあり方やその背景にあるはずの人々のつながりについては未解決・未解明なことが多く、最終的な結論にはまだ至っていません。道半ばのものを見せられても困るという声もあるかもしれませんが、研究というのはそういうものであって、常に途上にあるからこそ生きた研究なのだとご理解ください。

ところで、方言の分布調査には手間がかかると序に記しました。しかし、それは研究者のひとりよがりな考えです。私たちが調査に出向く先には、当然、方言について情報を提供してくれる人びと——話者、あるいはインフォーマントとも呼ばれます——が存在することを忘れてはなりません。本書で活用した資料のためには、合わせて何千人もの方々に協力をいただいています。また、調査地をすべて私一人で回ったわけではありません。多くの研究者の方たちや学生さんたちと共同で調査を実施しました。研究が多くの方々に支えられていることに感謝申し上げます。

本書を著すことになったきっかけは、二〇一二年の秋に富山大学で開催された学会の折に旧知であった大修館書店の山田豊樹氏から執筆のおさそいをいただいたことにありました。構成や内容、また、タイトルなど諸方面で相談し、遅れ気味なときには鞭を振るい、研究の面白さを伝えたい一心からときに暴走気味になるところでは手綱を締めながら、支えてくださった山田さんに感謝します。

究極の課題に対する答えはまだ出ていません。研究の道のりはまだまだ長いはずです。このつづきは、いつかまたの機会としましょう。

本書を著すにあたっては、以下の研究課題の成果を活用しています。

文部科学省科学研究費補助金基盤研究Ｂ「地理情報システムに基づく言語地理学の再構築」（課題番号１８３２００７４、二〇〇六～二〇〇九年度、研究代表者：大西拓一郎）

日本学術振興会科学研究費基盤研究Ａ「方言分布変化の詳細解明―変動実態の把握と理論の検証・構築―」（課題番号２３２４２０２４、二〇一一～二〇一五年度、研究代表者：大西拓一郎）

人間文化研究機構連携研究「アジアにおける自然と文化の重層的関係の歴史的解明」公募研究「河川流域の自然・人間社会と方言の分布」（二〇一〇～二〇一四年度、研究代表者：大西拓一郎）

国立国語研究所共同研究プロジェクト「方言の形成過程解明のための全国方言調査」（二〇一〇～二〇一五年度、研究代表者：大西拓一郎）

【わ】

【た】

【さ】

■事項・人名索引

■語形索引

[著者紹介]

大西拓一郎（おおにし　たくいちろう）
1963年大阪府生まれ。東北大学文学部卒業、東北大学大学院文学研究科修了、国立国語研究所教授。専門は方言学・言語地理学。2010年より生活拠点を長野県に移し、富山大学・信州大学と共同で富山県や長野県でフィールドワークを行い、生活者・言語使用者の思考・感覚に根ざした方言ならびに方言分布形成の要因・過程の解明に取り組んでいる。主な著書は『現代方言の世界』（朝倉書店、2008）、『方言学の技法』（共著、岩波書店、2007）、『方言はなぜ存在するのか——ことばの変化と地理空間』（大修館書店、2023）など。

ことばの地理学《ちりがく》——方言《ほうげん》はなぜそこにあるのか

NDC801／204p／20cm

初版第1刷——2016年 9 月 10 日
　第4刷——2024年 9 月 1 日

著者——————大西拓一郎《おおにしたくいちろう》
発行者—————鈴木一行
発行所—————株式会社 大修館書店
〒113-8541 東京都文京区湯島 2-1-1
電話 03-3868-2651（営業部）　03-3868-2291（編集部）
振替 00190-7-40504
[出版情報] https://www.taishukan.co.jp

装丁者—————園木彩
印刷所—————壮光舎印刷
製本所—————牧製本

ISBN978-4-469-21360-7　Printed in Japan

［好評発売中］

方言はなぜ存在するのか
――ことばの変化と地理空間――

大西拓一郎 著

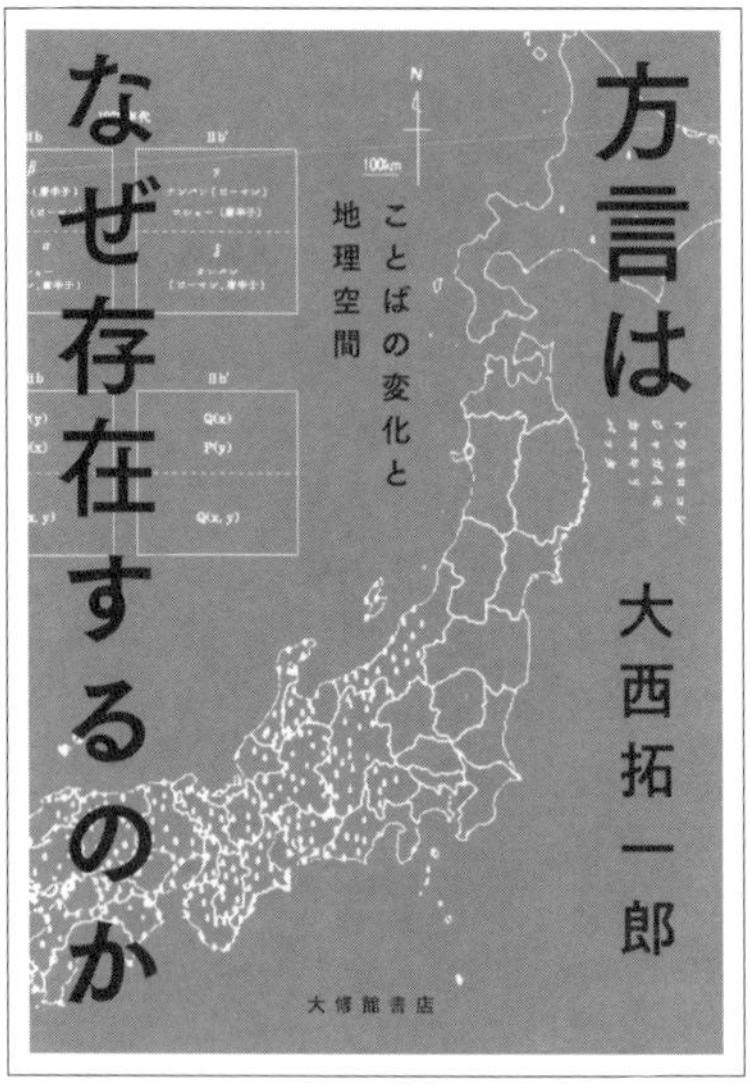

言語記号の恣意性を超えて

トウモロコシ、ジャガイモなどの農作物、カマキリ、バッタなどの昆虫、人名や地名と方言の関係、文法の地域差など、生活に身近な例をもとに、地理空間におけることばの変化のしくみを考察。言語の恣意性を超えた有縁化の働き、そして、方言分布の基本則を明らかにし、なぜ方言は存在するのかという謎に迫る。

A5判・並製・二五六頁
ISBN978-4-469-21395-9

▲詳しくはこちら